U0944636

中国物流科技发展报告

2020—2021

REPORT ON LOGISTICS TECHNOLOGY DEVELOPMENT OF CHINA

2020—2021

上海海事大学
Shanghai Maritime University
中国物流与采购联合会
China Federation of Logistics & Purchasing
编著

中国财富出版社有限公司

图书在版编目（CIP）数据

中国物流科技发展报告．2020—2021／上海海事大学，中国物流与采购联合会编著．—北京：中国财富出版社有限公司，2021.11

ISBN 978－7－5047－7584－9

Ⅰ．①中…　Ⅱ．①上…　②中…　Ⅲ．①物流—科技发展—研究报告—中国—2020—2021　Ⅳ．①F259.22

中国版本图书馆 CIP 数据核字（2021）第 230525 号

策划编辑　郑欣怡　　**责任编辑**　白　昕　张宁静
责任印制　梁　凡　　**责任校对**　卓闪闪　　**责任发行**　敬　东

出版发行　中国财富出版社有限公司
社　　址　北京市丰台区南四环西路 188 号 5 区 20 楼　　**邮政编码**　100070
电　　话　010－52227588 转 2098（发行部）　　010－52227588 转 321（总编室）
010－52227566（24 小时读者服务）　　010－52227588 转 305（质检部）
网　　址　http：//www.cfpress.com.cn　　**排　　版**　宝蕾元
经　　销　新华书店　　**印　　刷**　宝蕾元仁浩（天津）印刷有限公司
书　　号　ISBN 978－7－5047－7584－9/F·3369
开　　本　880mm×1230mm　1/16　　**版　　次**　2021 年 11 月第 1 版
印　　张　12.5　　**印　　次**　2021 年 11 月第 1 次印刷
字　　数　275 千字　　**定　　价**　380.00 元

编委会

顾　　问： 何黎明

主任委员： 黄有方

委　　员： 戴定一　任豪祥　蔡　进　贺登才　王　波　叶伟龙　李厚圭
包起帆　黄远成　李志鹏　施　欣　严　伟　陈伟炯　郑　苏
杨　斌　顾亚竹　黄维忠

编写组

主　　编： 张善杰　张运鸿

副 主 编： 陈祥燕　郑艳红　吕长红　何彦陶　陆亦恺
刘宇航　李军华　刘晓琴　石　亮　燕　翔

主要成员： 周文平　黄崇韧　王　露　袁　倩　李　慧
梁伟波　曹清玮　陈立欣　高　娟　王　慧
陈　灏　王　璞

序

2020年，我国“十三五”规划圆满收官，全面建成小康社会。2021年是实施“十四五”规划和2035年远景目标的开局之年。其间，面对严峻复杂的国际形势、艰巨繁重的国内改革发展稳定任务，特别是新冠肺炎疫情和洪涝灾害的严重冲击，在以习近平同志为核心的党中央带领下，稳经济、促发展，战疫情、斗洪峰，化危机、应变局，我国经济运行总体平稳，交出一份令人民满意的答卷。

志不求易者成，事不避难者进。在疫情防控和应急救援中，物流业不仅是一种物资流通的渠道，更是国家的供应链基础设施，成为经济流通、社会流动、保障人民生命和财产安全不可或缺的重要基础依赖。全国物流行业紧跟党中央决策部署，扎实做好“六稳”工作、全面落实“六保”任务，统筹推进现代物流体系建设。2020年中国快递发展指数为1259.1，相比2019年提高26.1%，邮政快递物流服务网点覆盖3万多个乡镇；抗洪救灾期间，全力保障了供应链稳定畅通，为保通保畅、保运保供提供有力支撑，为经济正常运行发挥了巨大的作用。

民亦劳止，汔可小康。站在“两个一百年”奋斗目标的历史交会点上，我们要以习近平新时代中国特色社会主义思想为指导，认真谋划“十四五”乃至2035年发展战略。物流业也需从“粗放型”“重成本”向“高质量”“重服务”发展，从以“成本导向”为主转向“提质增效”。征途漫漫，由上海海事大学物流情报研究所、教育部科技查新工作站（编号G12）、世界知识产权组织在华技术与创新支持中心（TISC）和中国物流与采购联合会科技信息部联合编著的《中国物流科技发展报告（2020—2021）》（以下简称《报告》），深刻揭示了物流业与新科技的共生发展状态与趋势，成为现代物流业转型升级过程中不可或缺的科技情报支持。

《报告》聚焦“十四五”规划背景下的物流业科技如何发展、碳中和政策下如何完善绿色供应链的问题；利用专利文献挖掘物流信息技术态势；剖析新冠肺炎疫情影响下需求大幅增长的直播电商和后疫情时代关乎生命的疫苗冷链物流；展望空间计算、行为互联网、4D打印等前沿技术对物流业的影响。同时，《报告》继续系统深入揭示国内外物流学术研究的现状、发现研究热点和展望研究趋势，为未来的物流学术研究提供方向性借鉴，发挥独特的情报支撑和引领作用。

中国现代物流业经过近30年的高速发展，正在从飞速发展阶段步入提质增效时期，在这个转型升级期，物流科技业逐步成为推进物流业发展的新动力。如何把握科技的发展趋势，将科技与物流业融合，使之更好地服务物流业？如何使中国物流业在科技浪潮下，效率优化、质量提升、服务升级？在这日新月异的科技大发展时代，在这物流业大变革的时代，我们比以往任何时候都更需要强有力的物流科技情报支撑。

《报告》坚守“关注世界科技动向，引导中国物流科研方向”的初心，再出发，更壮阔的征程已经开启；向前进，为构建现代物流体系、建设物流强国而不懈奋斗！

秦进

2021 年 8 月 15 日

目 录

CONTENTS

引　言 0

0 引 言

2021 年既是“十四五”规划的开局之年，也是全面建设社会主义现代化国家新征程的起步之年。随着中国步入技术大变革新时代，并以“智慧化”为发展方向，在“十四五”时期，物流业必然面临技术的重大提升和变革，朝着柔性自动化、智慧化方向发展。

同时，“双循环”将助力物流行业发展。“十四五”时期，我国要加快构建以国内大循环为主体、国内国际双循环相互促进的新发展格局。“双循环”将更好地推动物流业高质量发展，促使我们积极探索构建供应链现代化的途径和措施。物流行业更需紧抓机遇，并推进降本增效、提高供应链弹性、促进产业链协同、加强与制造业联动。物流业的高质量发展，必然带来物流技术的全面升级与创新。

《报告》第 1 章简要回顾 2020 年国内外宏观经济运行状况，并对中国物流业 2020 年运行态势加以分析，通过政策环境、运行指标概述中国物流科技发展现状。

物流学术科研情况反映物流领域科研人员的研究内容和成果，物流业的发展需要物流学术理论研究作为支撑。《报告》第 2 章在项目立项、论文发表、科技奖励视角下，采用文献计量方法，对“十二五”和“十三五”期间物流领域主要基金项目立项、科技奖励情况以及近 15 年中外文献情况进行分析，多角度剖析中外学术研究进展，以期较为准确地把握中外物流学术研究的现状、热点及前沿。

专利信息是集科技、经济、法律为一体的综合性、基础性、战略性资源，专利技术为物流行业的发展提供了强有力的支撑。《报告》第 3 章通过物流信息管理领域专利信息揭示技术研发趋势、技术创新领域以及技术发展策略方面的情报，旨在为中国政府及企业物流信息管理创新战略的制定提供决策依据，以促进中国物流信息化建设，推进物流业高质量发展。

随着 5G、区块链、大数据、人工智能、工业互联网等“新基建”相关技术及基础设施的迅速发展，并与传统物流行业深度融合，物流领域的科技应用正处于爆炸性增长阶段。为“分享最新物流科技前沿趋势，展示最新研发成果和产品”，《报告》第 4 章第 1 部分介绍与推广过去一年中在物流技术与装备、物流技术应用领域、行业进步及社会发展等方面有突出贡献的创新产品，以促进中国物流技术与装备的发展，鼓励行业应用创新成果，推动中国物流业与社会的和谐发展。第 2 部分选取部分“2021 年度中国物流与采购联合会科学技术奖”获奖企业的科技应用案例，展示我国物流业重要技术发明与科学技术进步成果。

新冠肺炎疫情下，由于疫苗的运输必须采取冷链物流进行运输，这是对全球冷链物流巨大的挑战。同时，在疫情影响下，以直播带货为代表的新兴电子商务业态迅速崛起，伴随直播电商的爆发，物流配送模式也在加速迭代。《报告》第 5 章分析“疫苗冷链”“直播经济”对物流业的影响，探讨物流业迈向价值链中高端的必然选择。

新一轮科技革命——第四次工业革命加速孕育，给世界发展带来新希望和新契机。数字化、智能化、无人化和跨领域协作等新特点逐渐呈现出来。现代前沿技术对物流行业的影响已经超出人们的预想，或将给物流业带来巨大的变革。《报告》第 6 章聚焦空间计算、行为互联网、4D 打印等最新前沿技术，从技术层面进行解析，分析其发展历程和应用现状，并重点展望前沿技术对物流业发展的影响。

最后，《报告》第 7 章聚焦“碳中和”“‘十四五’规划纲要”重大政策，分析其对物流科技发展的影响，并提出策略建议，以期为中国物流科技发展指引方向，提升中国物流科技发展水平。

2020年
中国物流行业运行态势

1

随着经济全球化、信息网络化、制造业智能化、产业集群化，全球物流业的发展经历了深刻变革并获得越来越多的关注，现代物流业在国民经济中的地位也得到越发充分的体现，其已成为经济发展与社会进步的主导推动力量。本章从中国物流科技业大环境着眼，回顾 2020 年国内外宏观经济环境，分析中国物流业态势，概述中国物流科技发展现状。

1.1 2020 年国内外经济运行概述

全球经济在 2020 年受新冠肺炎疫情影响，经济增速大幅萎缩，联合国发布的《世界经济形势与展望》报告称，2020 年，全球经济萎缩 4.3%，是 2008 年金融危机期间的 2.5 倍以上。

1.1.1 2020 年世界经济运行情况

《世界经济形势与展望》报告指出发达国家经济体萎缩幅度最大，降幅为 5.6%，与此同时，发展中国家经济在 2020 年出现了 2.5% 的萎缩，报告预计 2021 年全球经济将温和复苏，增长 4.7%，勉强抵消上一年的损失。

1.1.1.1 世界经济增速萎缩

经济合作与发展组织（OECD）也发布经济展望称，在中国经济增长的带动下，全球经济到 2021 年年底有望恢复至新冠肺炎疫情前的水平。OECD 预测 2021 年全球实际 GDP 将增长 4.2%（见表 1–1）。该组织指出，如果按照预期发展，2021 年第四季度全球 GDP 将恢复至疫情前 2019 年第四季度的水平。同时，该组织预测中国将起到火车头作用，对 2021 年全球经济增长的贡献率在 1/3 以上，并预测中国 2021 年将增长 8%，2022 年将增长 4.9%。

表 1–1　全球主要国家 / 地区 GDP 增长趋势（2019—2021 年）　单位：%

国家 / 地区	2019 年	2020 年	2021 年（预估）
世界	2.7	–4.2	4.2
发达经济体	2.9	–3.8	4.7
美国	2.2	–3.7	3.2

续 表

国家 / 地区	2019 年	2020 年	2021 年（预估）
欧元区	1.3	-7.5	3.6
日本	0.7	-5.3	2.3
印度	4.2	-9.9	7.9
中国	6.1	1.8	8.0
巴西	1.1	-6.0	2.6

资料来源：《OECD ：2021 年全球经济展望报告》。

1.1.1.2 世界贸易增长减缓

世界贸易组织（WTO）发布的 2021 年度《全球贸易数据与展望》报告称，2020 年全球货物贸易量下降 5.3%，2021 年全球货物贸易量预计将增长 8.0%，2022 年这一增长率将降至 4%。

WTO 指出，新冠病毒疫苗的面世、各国政府纷纷祭出财政和货币政策、中国等亚洲经济体实施有效疫情管控措施遏制了经济下滑等诸多因素，共同提振了全球贸易需求，使得全球贸易免于陷入更严重的衰退。

WTO 认为，2021 年全球货物贸易需求主要由北美洲拉动，一个很重要的原因是美国的财政刺激将通过贸易渠道使全球其他地区受益。其预计，2021 年，北美洲货物进口量将增长 11.4%，欧洲将增长 8.4% 左右，南美洲将增长 8.1%，其他地区的进口量也会有所增长。

WTO 称，2021 年，亚洲货物出口量预期将增长 8.4%，欧洲货物出口量最高也将增长 7.7%。假如旅行限制有所放松并提振油价，非洲货物出口量将增长 8.1%，中东地区货物出口量预期将增长 12.4%。

1.1.1.3 波罗的海干散货运价指数收跌

波罗的海干散货运价指数（BDI）是由若干条传统的干散货船航线的运价，按照各自在航运市场上的重要程度和所占比重构成的综合性指数，由波罗的海航交所发布。该指数是目前世界上衡量国际海运情况的权威指数，是反映国际间贸易情况的领先指数。

2020 年 12 月 24 日，波罗的海干散货运价指数（BDI）收于 1366 点（见图 1-1），全年最小值 393 点，最大值 2097 点，中位数 1161 点（相比 2019 年中位数 1264.50 点，下降 8.2%），平均值 1066.17 点（相比 2019 年平均值 1352.87 点，下降 21.2%）。

波罗的海巴拿马型船运费指数（BPI）收于 1333 点（见图 1-1），全年最小值 526 点，最大值 1824 点，中位数 1209 点（相比 2019 年中位数 1256.50 点，下降 3.8%），平均值 1123.16 点（相比 2018 年平均值 1386.68 点，下降 19.0%）。

波罗的海好望角型船运费指数（BCI）收于 2006 点（见图 1–1），全年最小值 –372 点，最大值 4440 点，中位数 1486 点（相比 2019 年中位数 2306 点，下降 35.6%），平均值 1449.73 点（相比 2019 年平均值 2261.27 点，下降 35.9%）。

波罗的海超级大灵便型船运费指数（BSI）收于 1039 点（见图 1–1），全年最小值 383 点，最大值 1057 点，中位数 748 点（相比 2019 年中位数 796 点，下降 6.0%），平均值 744.41 点（相比 2019 年平均值 880.22 点，下降 15.4%）。

波罗的海小灵便型船运费指数（BHSI）收于 677 点（见图 1–1），全年最小值 228 点，最大值 678 点，中位数 420 点（相比 2019 年中位数 479 点，下降 12.3%），平均值 439.38 点（相比 2019 年平均值 490.91 点，下降 10.5%）。

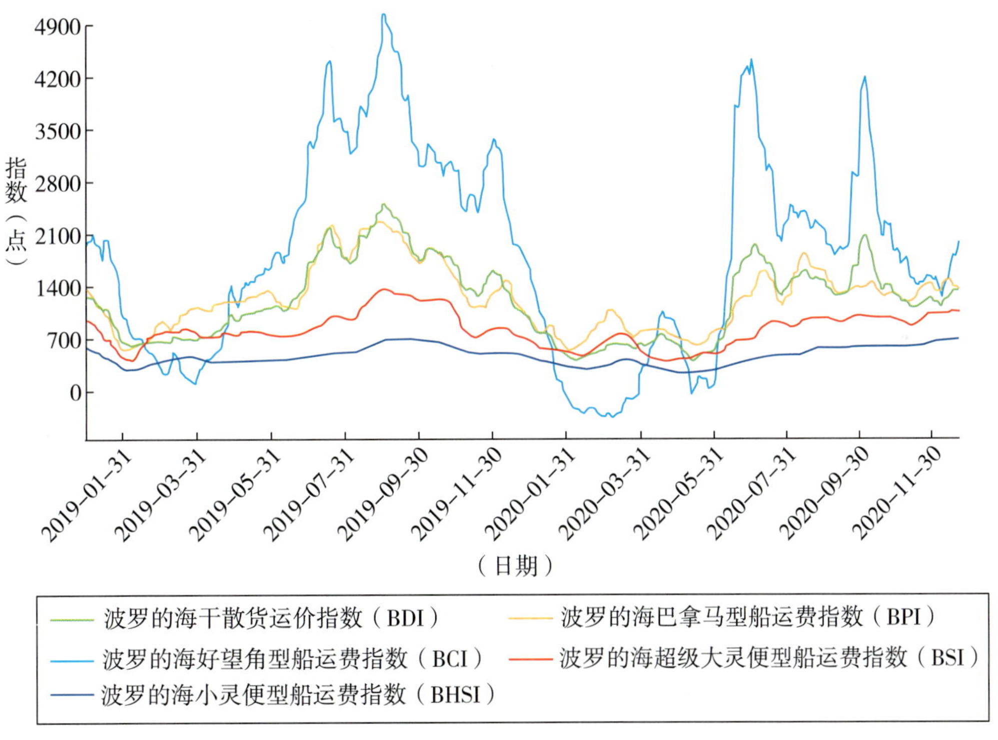

图 1–1 2019—2020 年波罗的海航运指数

资料来源：wind。

1.1.2 2020 年中国经济运行情况

2020 年，中国全年国内生产总值 1015986 亿元，按可比价格计算，同比增长 2.3%。分季度看，第一季度同比下降 6.8%，第二季度同比增长 3.2%，第三季度同比增长 4.9%，第四季度同比增长 6.5%。分产业看，第一产业增加值 77754 亿元，同比增长 3.0%；第二产业增加值 384255 亿元，同比增长 2.6%；第三产业增加值 553977 亿元，同比增长 2.1%。

1.1.2.1 中国对外贸易总额保持稳定

2020 年货物进出口总额 321557 亿元，同比增长 1.9%。其中，出口额 179326 亿元，同比增长 4.0%；进口额 142231 亿元，同比下降 0.7%。进出口额相抵，顺差为 37096 亿元。机电产品出口额增长 6%，占出口总额的 59.4%，同比提高 1.1 个百分点。一般贸易进出口额占进出口总额的比重为 59.9%，同比提高 0.9 个百分点。民营企业进出口额增长 11.1%，占进出口总额的比重为 46.6%，同比提高 3.9 个百分点。12 月，货物进出口总额 32005 亿元，同比增长 5.9%。其中，出口额 18586 亿元，同比增长 10.9%；进口额 13419 亿元，同比下降 0.2%。进出口额相抵，贸易顺差 5168 亿元。

1.1.2.2 中国出口集装箱运价指数大幅上涨

中国出口集装箱运价指数（CCFI）是反映中国出口集装箱运输市场价格变化趋势的一种航运价格指数。包括综合运价指数及香港、韩国、日本、东南亚、澳新、地中海、欧洲、美西、美东、东西非、南非、南美等分航线指数，由上海航运交易所编制发布，1998 年 4 月 13 日首次发布，以 1998 年 1 月 1 日作为基期，基期指数定为 1000 点。

2020 年中国出口集装箱运价指数报收于 1658.58 点（见图 1-2），全年最小值 834.24 点，最大值 1658.58 点，平均值 984.42 点（相比 2019 年平均值 823.98 点，上涨 19.5%），中位数 904.24 点（相比 2019 年中位数 818.97 点，上涨 10.4%）。

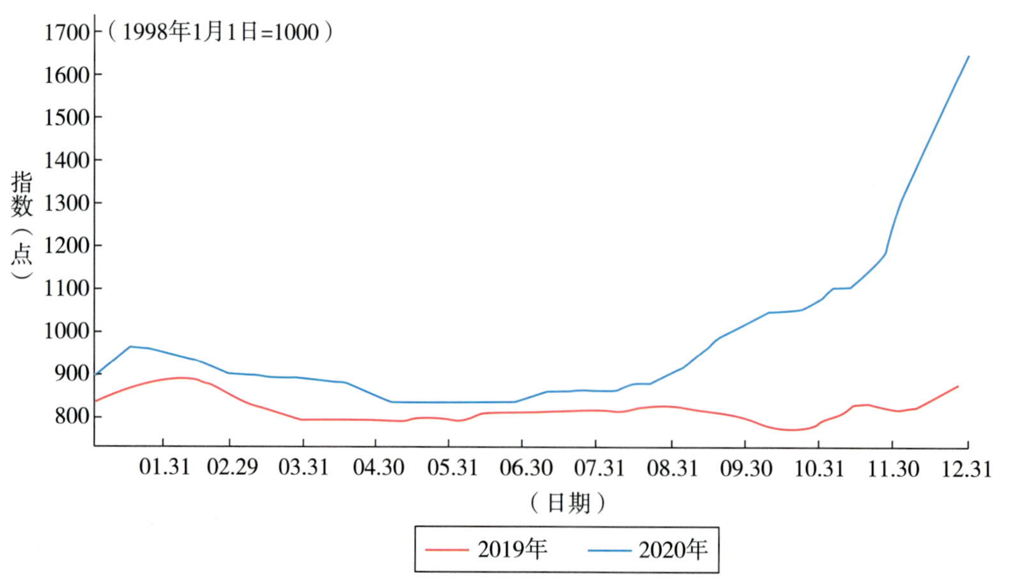

图 1-2 2019—2020 年中国出口集装箱运价指数

资料来源：wind。

注：图中 02.29 表示 2019 年 2 月 28 日的数据和 2020 年 2 月 29 日的数据。

1.1.2.3　中国制造业采购经理人指数（PMI）小幅下跌

2020年中国制造业PMI平均值49.92点、中位数51.05点（见表1-2），较2019年中国制造业PMI平均值49.73点、中位数49.6点分别上涨0.19点和1.45点。较历史2005—2020年中国制造业PMI平均值51.66点下降1.74点、中位数51.20点下降0.15点。

表1-2　2020年1—12月的中国制造业PMI　单位：%

月度指标	1月	2月	3月	4月	5月	6月	7月	8月	9月	10月	11月	12月
中国制造业PMI	50.0	35.7	52.0	50.8	50.6	50.9	51.1	51.0	51.5	51.4	52.1	51.9
生产量指数	51.3	27.8	54.1	53.7	53.2	53.9	54.0	53.5	54.0	53.9	54.7	54.2
新订单指数	51.4	29.3	52.0	50.2	50.9	51.4	51.7	52.0	52.8	52.8	53.9	53.6
新出口订单指数	48.7	28.7	46.4	33.5	35.3	42.6	48.4	49.1	50.8	51.0	51.5	51.3
在手订单指数	46.3	35.6	46.3	43.6	44.1	44.8	45.6	46.0	46.1	47.2	46.7	47.1
产成品库存指数	46.0	46.1	49.1	49.3	47.3	46.8	47.6	47.1	48.4	44.9	45.7	46.2
采购量指数	51.6	29.3	52.7	52.0	50.8	51.8	52.4	51.7	53.6	53.1	53.7	53.2
进口指数	49.0	31.9	48.4	43.9	45.3	47.0	49.1	49.0	50.4	50.8	50.9	50.4
出厂价格指数	49.0	44.3	43.8	42.2	48.7	52.4	52.2	53.2	52.5	53.2	56.5	58.9
主要原材料购进价格指数	53.8	51.4	45.5	42.5	51.6	56.8	58.1	58.3	58.5	58.8	62.6	68.0
原材料库存指数	47.1	33.9	49.0	48.2	47.3	47.6	47.9	47.3	48.5	48.0	48.6	48.6
从业人员指数	47.5	31.8	50.9	50.2	49.4	49.1	49.3	49.4	49.6	49.3	49.5	49.6
供应商配送时间指数	49.9	32.1	48.2	50.1	50.5	50.5	50.4	50.4	50.7	50.6	50.1	49.9
生产经营活动预期指数	57.9	41.8	54.4	54.0	57.9	57.5	57.8	58.6	58.7	59.3	60.1	59.8

资料来源：国家统计局。

制造业PMI是衡量制造业景气程度的指标，属于领先指标中的一项重要数据，2020年的数据反映了中国制造业整体上处于历史低位，反映出中国正处于经济结构转型期。

1.2　2020年物流业运行情况

2020年，宏观经济经受前所未有的严峻挑战，物流作为经济发展的先行官，积极贯彻高质量发展理念，深化供给侧结构性改革，全年物流运行逆势回升、增势平稳，物流规模再上新台阶，物流业总收入保持增长，物流运行实现提质增效，单位成本缓中趋稳，为抗击疫情、保障民生、促进经济发展提供了有力支撑。

1.2.1 物流运行总体平稳

2020 年，我国物流业各项指标都运行在合理区间，虽然受到新冠肺炎疫情影响有阶段性波折，但是依靠强大自身推动力，物流业维持平稳增长。

1.2.1.1 物流规模再上新台阶，社会物流总额超过 300 万亿元

2020 年全国社会物流总额 300.1 万亿元，按可比价格计算，同比增长 3.5%。分季度看，第一季度、上半年和前三季度增长率分别为 –7.3%、–0.5% 和 2.0%，物流规模增速持续恢复，第四季度增长率回升进一步加快。

物流业总收入保持增长。2020 年，物流业总收入 10.5 万亿元，同比增长 2.2%。物流业总收入增长率自第三季度由负转正，第四季度以来呈现加速回升态势，恢复至上年水平。

1.2.1.2 多业融合深度发展，物流企业活力持续增强

物流企业服务能力进一步提高，为打通供应链、协调产业链、创造价值链提供重要保障。2020 年我国物流企业 50 强实现物流业务收入 1.1 万亿元，同比增长 15%，物流企业与汽车、家电、电子、医药、冷链、烟草、化工、冶金、电商、零售等制造业、商贸流通业深度融合，形成一批专业能力强、服务质量高的品牌标杆。

疫情之下物流民生保障作用日益增强。农村物流、双向流通的渠道进一步打通，服务密度大幅度提升，邮政快递物流服务网点覆盖 3 万多个乡镇，支撑消费品下乡和农产品进城产值近万亿元。物流企业严格做好疫情防控，分区分级推动复工复产，全力保障供应链稳定畅通，为保通保畅、保运保供提供了有力支撑。

物流行业维持较高景气水平。随着复工复产稳步推进，物流企业业务量及订单水平均稳步回升，物流供需两端同步回升，市场活力持续增强。中国物流业景气指数中的业务总量指数和新订单指数自 2020 年 3 月以来均处于回升通道，第四季度加速回升，2020 年 12 月分别回升至 56.9% 和 55.8% 的较高水平，两者差值有所缩小，供需关系更趋平衡。

1.2.1.3 物流产业就业形势较好，新增就业人数超过百万人

物流业吸纳就业能力不断增强，从业人员数量快速增长。根据中国物流与采购联合会 2021 年

最新测算，2019 年年末，我国物流岗位（既包括物流相关行业法人单位和从事物流活动的个体工商户从业人员，也包括工业、批发和零售业等行业法人单位的物流岗位从业人员）从业人员数 5191 万人，比 2016 年增长 3.6%。

从结构来看，一是物流专业人才保持较快增长，物流人员专业化程度提升。我国物流相关行业从业人员数量超过 1200 万人，比 2016 年增长 16%，年均增长 3.9%。二是运输物流仍是吸纳就业的主体，其中道路运输增长较快，铁路和水路有所放缓。三是电商快递、多式联运等新型行业成为新增就业的主要动力，“十三五”时期快递物流行业新增吸纳就业人数超过 100 万人，年均增长 10%，多式联运及运输代理行业新增吸纳就业人数超过 15 万人，五年年均增长 8%，增速均快于行业平均水平。

1.2.2 物流发展质量稳步提升

2020 年，物流需求结构继续调整，新动能引领带动作用凸显。工业领域的高新技术物流需求、国际物流需求、网上零售物流需求快速发展，新产业、新业态、新产品的拉动作用持续增强。

1.2.2.1 工业物流企稳回升，新动能引领带动作用显著

2020 年工业品物流总额同比增长 2.8%，其中第一季度同比下降 8.4%，上半年同比下降 1.3%，前三季度同比增长 1.2%，呈现逐季回升态势。在内需及海外出口的带动下，第四季度各月当月增长率均保持在 6%~8% 的快速增长区间，升至年内新高。

从结构看，制造业显著回升，有力支撑了工业物流需求的稳步复苏。一方面，装备制造和医药制造物流需求向好。其中，受益制造业投资与机电产品出口大幅改善拉动，装备制造业多数行业物流需求保持 10% 以上的增长率，装备制造业对工业物流需求增长的贡献率超过 70%，支撑作用突出；海外疫情防控物资需求增长迅猛，带动医药制造业物流需求大幅回升。另一方面，新动能相关物流需求持续增强，高技术制造业维持领先地位。2020 年全年高技术制造业物流需求增长 7.1%，高于工业品物流总额增长率 4.3 个百分点，新旧动能转换进一步加快。

1.2.2.2 国际物流总体稳中向好，进出口物流全面回升

在疫情影响下，世界经济增长和全球贸易遭受严重冲击，但我国经济展现出强大市场活力和综合竞争力，进出口物流量快速回稳。

超大规模市场优势明显，进口需求稳中有升。2020 年，我国进口物流量同比增长 8.9%，增长率比上年提高 4.7 个百分点。从年内情况看，各月均保持正增长，第三、第四季度达到 10% 的较高

增长率。从不同货类看，原油、铁矿砂等资源型产品进口量分别增长 7.3% 和 9.5%，粮食、肉类等农产品进口量分别增长 28% 和 60.4%。

出口物流需求保持平稳较快增长。海外疫情持续蔓延且有加速扩散趋势，欧美等主要经济体的需求向货物需求转变，同时我国制造业较为完备，恢复速度较快，出口物流量增长率提高至近 5%。

“一带一路”倡议持续推进，中欧班列快速发展。2020 年，面对突如其来的新冠肺炎疫情，中欧班列对推动复工复产，稳定国内、国际供应链产业链发挥了重要作用。中欧班列“十三五”时期累计开行超过 3 万列，2020 年开行 1.24 万列，去程和回程班列同比均增长 50% 左右，全年发送 113.5 万标准箱，同比增长 56%。全年综合重箱率达 98.4%，同比提高 4.6 个百分点，其中回程重箱率提升显著，同比提高 9.3 个百分点。

1.2.2.3 物流运行提质增效，单位物流成本缓中趋稳

2020 年年初受新冠肺炎疫情影响，各地不同的管控措施造成物流通道不畅，部分区域资源紧缺，服务时效放缓，疫情防控相关措施带动物流成本上升。下半年，随着物流运行效率有所改善，物流发展的质量和效益不断提升。

一是运输协同性提升。多式联运、铁水联运进一步发展，铁路专用线与基础建设加快推进，着力打通“最先一公里”和“最后一公里”。集装箱铁水联运量快速增长，港口集装箱铁水联运量创近年较高水平。与此同时，铁路引领运输物流服务质量提升，铁路货运量占全社会货运量的比重提升至近 10%。铁路产品供给不断优化，集装箱运输、冷链运输、高铁快运等成为铁路货运增长新亮点。

二是多部门政策措施助力企业纾困，优化营商环境，继续推动降低行政性物流成本。通过多方努力，单位物流成本增速明显趋缓，2020 年社会物流总费用与 GDP 的比率为 14.7%，五年间下降 1.3 个百分点，物流降本增效成果显著。

1.3 2020 年中国物流科技发展状况

2020 年，物流业受新冠肺炎疫情影响，全社会物流成本出现阶段性上升，但在国家一系列决策部署以及自身行业科技推动下，物流科技得到全面发展。

1.3.1 中国物流科技相关政策支持

物流是畅通国民经济循环的重要环节。为进一步降低物流成本、提升物流效率、加快恢复生产

生活秩序，2020 年 5 月 20 日发布了《国务院办公厅转发国家发展改革委交通运输部关于进一步降低物流成本实施意见的通知》(见表 1–3)。

表 1–3　物流科技相关政策

文件名称	发文时间
《国务院办公厅关于推进电子商务与快递物流协同发展的意见》	2018 年 1 月
《快递暂行条例》	2018 年 3 月
《国务院办公厅关于保持基础设施领域补短板力度的指导意见》	2018 年 10 月
《国务院办公厅转发国家发展改革委交通运输部关于进一步降低物流成本实施意见的通知》	2020 年 6 月
《国家物流枢纽布局和建设规划》	2018 年 12 月
《国务院办公厅关于印发推进运输结构调整三年行动计划（2018—2020 年）的通知》	2018 年 10 月
《国务院办公厅转发交通运输部等部门关于加快道路货运行业转型升级促进高质量发展意见的通知》	2019 年 5 月
《商务部等 8 部门关于进一步做好供应链创新与应用试点工作的通知》	2020 年 4 月
《商务部等五部门关于进一步落实城乡高效配送专项行动有关工作的通知》	2019 年 2 月
《关于开展 2018 年流通领域现代供应链体系建设的通知》	2018 年 5 月
《关于推动农商互联完善农产品供应链的通知》	2019 年 5 月
《国家邮政局办公室关于印发〈2018 年深化邮政业供给侧结构性改革工作要点〉的通知》	2018 年 3 月
《国家邮政局 商务部 海关总署关于促进跨境电子商务寄递服务高质量发展的若干意见（暂行）》	2019 年 2 月

资料来源：各政府网站，中国物流与采购联合会整理。

近 3 年来，国家各职能部门先后发布多个物流科技相关政策，助力物流科技业提升。足见国家对物流科技业的重视。

1.3.2　中国物流科技相关指数运行情况

中国快递发展指数是一套立足于商务快件业务变化，通过监测行业、地区、市场主体使用商务快件情况，反映产业活动态势和快递物流行业发展的综合指标体系。中国仓储指数是一套立足于仓储企业，通过快捷的调查方式，以翔实、动态的数据信息，反映仓储行业经营和国内市场主要商品供求状况与变化趋势的指标体系。本节选取以上 2 个指数进行分析，反映当下中国物流科技发展现状。

1.3.2.1　中国快递发展指数

中国快递发展指数调查的地区覆盖全国（除港澳台外）各省、自治区和直辖市，调查单位主要是规模较大且商务快件业务占有一定比例的快递物流企业。中国快递发展指数能够监测发展规模、速度、效益和活跃程度，能够更好地发现和把握经济转型过程中出现的新业态、新动能、新亮点。

2020 年 1—12 月中国快递发展指数平均值 277.48 点，相比 2019 年 1—12 月平均值 194.35 点上升 42.7%。数据显示，受新冠肺炎疫情影响，中国快递发展指数大幅上升，中国已经成为世界第一快递大国，我国快递发展模式日趋成熟，市场规模持续扩大。

1.3.2.2 中国仓储指数

中国仓储指数体系调查包含生产资料和消费品两大类，涉及钢材、有色、化工、建材、煤炭、石油、木材、机械设备、矿产品等 10 余类生产资料的品种和食品、服装、纺织品、家电、日用品、化妆品、农副产品、棉麻、医药等 10 余类消费品的品种。中国仓储指数的调查范围覆盖全国（除港澳台和新疆、西藏等）的主要地区。中国仓储指数调查的仓储企业主要是为社会提供第三方仓储及配套服务的物流企业。

市场经济最大的特点就是生产和销售完全由市场决定，基本特征就是经济存在着周期性波动。库存投资作为投资需求的一部分，与经济景气程度密切相关，且对经济波动具有放大作用。因此，中国仓储指数监测流通环节的仓储水平状况，反映整体市场供需是否均衡，观测宏观经济运行状态以及经济发展趋势，对服务经济发展具有重要的意义。

2020 年中国仓储指数平均值为 50.88 点，相比 2019 年平均值 52.48 点同比下降 3%。由于新冠肺炎疫情影响，库存周转效率下降，造成 2020 年指数略微下降。

1.4 小结

中国物流业景气指数（LPI）主要由业务总量、新订单、库存周转次数、设备利用率、从业人员、平均库存量、资金周转率、主营业务成本、主营业务利润、物流服务价格、固定资产投资完成额、业务活动预期 12 个分项指数和 1 个合成指数构成。其中，合成指数由业务总量、新订单、库存周转次数、设备利用率、从业人员 5 项指数加权合成。LPI 反映物流业经济发展的总体变化情况，以 50% 作为经济强弱的分界点：高于 50% 时，反映物流业经济扩张；低于 50% 时，则反映物流业经济收缩（见表 1–4）。

中国物流业景气指数调查结果基本反映了中国物流业发展运行的总体情况，与货运量、快递业务量、港口货物吞吐量等物流相关指标，以及工业生产、进出口贸易、固定资产投资、货币投放等相关经济指标具有较高的关联性。新订单指数是反映制造业市场需求的重要指数。2020 年平均值为 53.99%，较 2019 年的平均值 53.93% 略微增长。业务总量指数是反映物流业务活动活跃程度的重要指数。该指数 2020 年平均值为 51.73%，较 2019 年的平均值 53.47% 同比下降 3.25%。库存周转次数指数、设备利用率指数、资金周转率指数位于景气区间从侧面反映了中国物流科技业正在稳步发展。

表 1-4　　2018—2020 年中国物流业景气指数（平均值）　　单位：%

中国物流业景气指数各分项指数	2018 年	2019 年	2020 年
业务总量指数	53.58	53.47	51.73
新订单指数	52.82	53.93	53.99
库存周转次数指数	51.45	52.52	53.75
设备利用率指数	53.43	53.73	52.30
从业人员指数	50.26	49.40	48.41
平均库存量指数	50.32	50.12	52.23
资金周转率指数	50.09	53.62	52.48
物流服务价格指数	50.10	51.10	48.35
主营业务利润指数	50.40	52.60	51.05

资料来源：中国物流与采购联合会。

近年来我国物流科技不断突破，目前，我国物流行业来到了新零售、互联网的时代，互联网、大数据、云计算、人工智能等现代信息技术成为主流，国家政策也在全方位鼓励、支持物流科技的全面发展。

物流绩效指数是用以衡量世界各国物流发展水平的指标体系，该指数描述了被调查国家的贸易物流情况，最近四次（2012 年、2014 年、2016 年、2018 年）中国物流绩效得分不断提高，这得益于中国物流行业整体技术进步，但是在总排名上仍然徘徊不前，与发达国家差距始终难以缩小。

经历了近 30 年大规模基础设施投资建设，虽在部分领域仍存在供给不足，但整体而言目前我国物流硬件存在的瓶颈有望彻底消除，但在物流业信息化、集成化、自动化水平方面都与发达国家存在一定差距。当经济发展到一定程度后，随着竞争加剧、原材料价格上涨，企业迫于生存压力，压缩产品物流环节的成本成为必然，成本压力与竞争加剧成为推动物流业发展的原动力，这一发展规律在中国也绝不会例外。现代物流不仅包含传统物流所包含的储存、运输等活动，还代表着各种物流活动的集成协调，它利用先进的理念和技术，对延伸的加工、配送、包装、信息服务等功能进行有效整合和提升，使这些局部的活动，在一个共同的目标下，经过权衡而能实现比较好的配合。这就需要物流技术在整个物流过程得到不同程度的应用。

本报告聚焦中国物流科技业，专注于如何发展物流科技业，如何把握物流科技业新动向，以建设“物流强国”为使命是本报告的主要议题。

2 物流领域学术科研发展状况

物流学术科研情况反映了物流领域科研人员的研究内容和成果，主要可通过基金项目、科研论文、成果奖励等形式展现，是物流领域科研和科技发展的历史记载。本章采用文献计量方法，对“十二五”和“十三五”期间物流领域主要基金项目立项、科技奖励情况，以及近15年中外文献情况进行分析，多角度剖析中外学术研究进展，以期较为准确地把握中外物流学术研究的现状、热点及前沿。

2.1 基于项目立项视角的中外物流科学研究现状分析

在科学研究和技术开发活动中，科技项目立项资助的目的是解决科技创新和社会生产中的科学技术问题。国家级科学基金的立项和资助，瞄准学科研究前沿和国家战略需求，处于学科知识演化与社会价值需求的交会处，具有鲜明的学术权威性和需求导向性。因此，基金项目的内容主题能很好地反映学科领域的研究进展。

基于世界各国国家基金在组织结构、经费、分配方式和资助领域等方面的表现，本章选择美国国家科学基金会（NSF）作为国外物流类资助项目研究的代表，同时选取中国国家自然科学基金、中国国家社会科学基金物流类立项项目，中国教育部人文社科基金物流类立项项目，以及中国物流学会、中国物流与采购联合会研究课题等作为分析对象，对“十二五”（2011—2015年）和“十三五”（2016—2020年）期间中外物流学术研究现状进行对比分析。

2.1.1 国外主要基金项目视角下的物流科学研究现状分析

本节以NSF 2011—2020年资助的项目为研究对象，基于VOSviewer分析工具绘制知识图谱，用以客观反映近十年美国物流研究关注的重点领域和热点。

2.1.1.1 总体资助格局

2011—2020年，NSF共资助在研和完成的物流项目446项[①]。由表2-1可知，2016年，NSF

① 通过美国国家科学基金会网站资助项目检索系统（http://www.nsf.gov/awardsearch/），分别以“logistics”（物流）和“supply chain”（供应链）为关键词检索，时间跨度为2011—2020年，共得检索结果958项。人工去重和删除与物流无关的项目，得到NSF共资助在研和完成的物流项目446项（检索时间：2021-06-11）。

资助物流项目数量、总资助金额达到近十年最高；2020 年 NSF 资助物流项目 38 项，总资助金额 1291.2 万美元，平均每项资助金额约 34.0 万美元，资助项目数量、资助力度均下降。

表 2-1　　2011—2020 年 NSF 物流项目资助情况

项目情况	年份					总计	年份					总计
	2011	2012	2013	2014	2015		2016	2017	2018	2019	2020	
项目数量（项）	30	31	39	44	57	201	64	45	58	40	38	245
资助金额（万美元）	904.6	704.7	1077.2	1123.6	2382.9	6193.0	2442.9	1590.8	1485.7	1568.0	1291.2	8378.6
平均每项资助金额（万美元）	30.2	22.7	27.6	25.5	41.8	30.8	38.2	35.4	25.6	39.2	34.0	34.2

其中，工程学部（Engineering，ENG）资助 250 项，占总量的 56.1%，其余分别来自计算机信息科学与工程部（Computer & Information Science & Engineering，CSE）87 项，教育与人力资源部（Education & Human Resources，EHR）26 项，地球科学部（Geosciences，GEO）24 项，社会、行为和经济学部（Social，Behavioral & Economic Sciences，SBE）31 项，数学和物理学部（Mathematical & Physical Sciences，MPS）18 项；此外，还有 9 项涉及透支退款（Over Draft Refund，O/D），1 项涉及生物科学（Biological Sciences，BIO）。NSF 加强对物流领域跨学科和学科交叉研究的支持，即聚焦工程领域，同时与计算机信息、教育、地球科学、社会、经济、数学、物理等多学科形成不同程度的交叉关系。

2.1.1.2　NSF 物流项目研究计划

NSF 每年会发布 12 个分支的研究计划（Program），征集研究者提交的研究项目（Project）申请。NSF 某一研究计划的制订一般可代表该领域当前研究前沿或热点，重点关注的领域和亟须解决的问题，因此绘制 NSF 项目研究计划的知识图谱对掌握某一研究领域所关注的重点具有重要的价值。

2011—2020 年共有 176 项与物流相关的研究计划，体现了物流研究的跨学科性，其中项目数量排名前 10 的研究计划见表 2-2、表 2-3 和图 2-1。

图 2-1 展示了物流项目研究计划的共现网络，图中标签越大说明该计划所含项目数量越多、在物流领域占据地位越重要，标签之间的连线说明了研究计划之间的共现关系，形成的网络一定程度上可以体现不同研究计划的合作关系。结合表 2-3 中 NSF 物流项目在不同时期的数量排名，2011—2020 年 NSF 项目资助体现在以下方面。

（1）更加关注物流研究的合作性、应用性和实用性，体现了其应用性学科的特性。物流相关的研究计划（项目数量大于 10 项）中，校企合作研究中心计划（Industry/univ Coop Res Center）、授予校企联络机会计划（Grant Opportunities for Academic Liaison with Industry）、运营工程计划（Operations Engineering）、运营研究计划（Operations Research）与其他计划间的网络关联较为活跃。

表 2–2　　2011—2020 年 NSF 物流项目数量排名前 10 的研究计划

项目名称	数量（项）	简介
校企合作研究中心计划（Industry/univ Coop Res Center）	30	致力于支持企业、大学和政府间发展长期的合作关系，强调通过综合研究和教育，进行国家基础设施方面的基础性研究工作，提升工程和科技工作者的数量，并适当支持国际合作
运营工程计划（Operations Engineering）	27	支持对改进复杂决策驱动环境中运营的高级分析方法进行基础研究，分析方法包括但不限于确定性和随机建模、优化、决策和风险分析，数据科学和模拟。鼓励开展可能对工程应用产生重大影响问题的方法论研究。特别重视跨学科的研究，利用专业知识开展定量分析
高等技术教育计划（Advanced Tech Education Prog）	19	侧重于驱动国家经济的高科技领域的技术人员教育，涉及学术机构（7~12 年级，高等教育机构）与行业之间的合作伙伴关系，以促进改善本科和中学院校水平的科学和工程技术人员的教育
小企业第一阶段计划（Small Business Phase I）	18	致力于促进小企业个体的技术创新，增强研究成果的商业应用，同时鼓励效益不好或女性创办的小企业参与研究，主题包括教育技术与应用、信息技术、半导体和光子、网络设备和材料、电子硬件机器人和无线技术、先进制造和纳米技术等
制造业系统计划（Manufacturing Enterprise System）	16	支持制造业营运的设计、规划和控制，特别支持的主题包括供应链优化和管理、产品规划和调度、制造过程检测与控制、维护保养等。目前该研究计划已经结束
运营研究计划（Operations Research）	13	支持适用于制造、服务或其他复杂系统的决策优化或近似优化的创新性数学模型、分析和算法基础研究，传统研究领域包括离散和连续优化，以及随机建模和分析，新的研究领域包括可观测、学习和适应变化环境的模拟优化和自优化系统
创新企业计划（I-Corps）	13	目的是使科学家和工程师们将重点放在大学实验室之外，并增加 NSF 资助的基础研究项目的经济和社会效益，使项目向商业化迈进做好准备
授予校企联络机会计划（Grant Opportunities for Academic Liaison with Industry）	12	目的是通过设立项目基金或奖学金促进校企合作，特别支持教师、研究人员和学生在企业环境中开展研究、获得经验，企业科学家和工程师从企业的视角将综合技术引入大学开展研究，同时也支持校企综合团队开展项目研究
计算研究基础结构计划（Computing Research Infrastructure）	11	支持研究基础结构的获取、开发、改进和操作，从而可以在计算机和信息科学与工程支持的所有计算领域中进行发现、学习和创新
服务业系统计划（Service Enterprise System）	11	支持提高服务业整体效益并减少与决策相关的设计、规划和商业运营费用。目前该计划已经结束

（2）跨学科研究特征明显，计算机技术在物流领域的应用仍然是 NSF 项目资助的热点。具体涉及人工智能算法、大数据、云计算等基础性研究，还包括软件、硬件实现以及网络技术及系统，

对物流发展起着至关重要的作用。特别是 2016—2019 年 NSF 项目资助由较为基础的计算机技术领域转向运营工程计划、最强智能计划、安全可靠的网络空间计划等高级计算机技术领域。

表 2-3　　2011—2020 年 NSF 物流项目数量排名前 10 的研究计划对比

2011—2015 年		2016—2020 年	
项目名称	数量（项）	项目名称	数量（项）
校企合作研究中心计划	16	运营工程计划	22
制造业系统计划	15	校企合作研究中心计划	14
运营研究计划	13	特殊激励计划	11
高等技术教育计划	11	小企业第一阶段计划	9
服务业系统计划	9	高等技术教育计划	9
小企业第一阶段计划	9	创新企业计划	9
授予校企联络机会计划	8	最强智能计划	7
环境可持续性计划	7	计算研究基础结构计划	5
小企业第二阶段计划	7	小型企业技术转让第一阶段计划	5
算法基础计划	6	新型冠状病毒研究计划	4

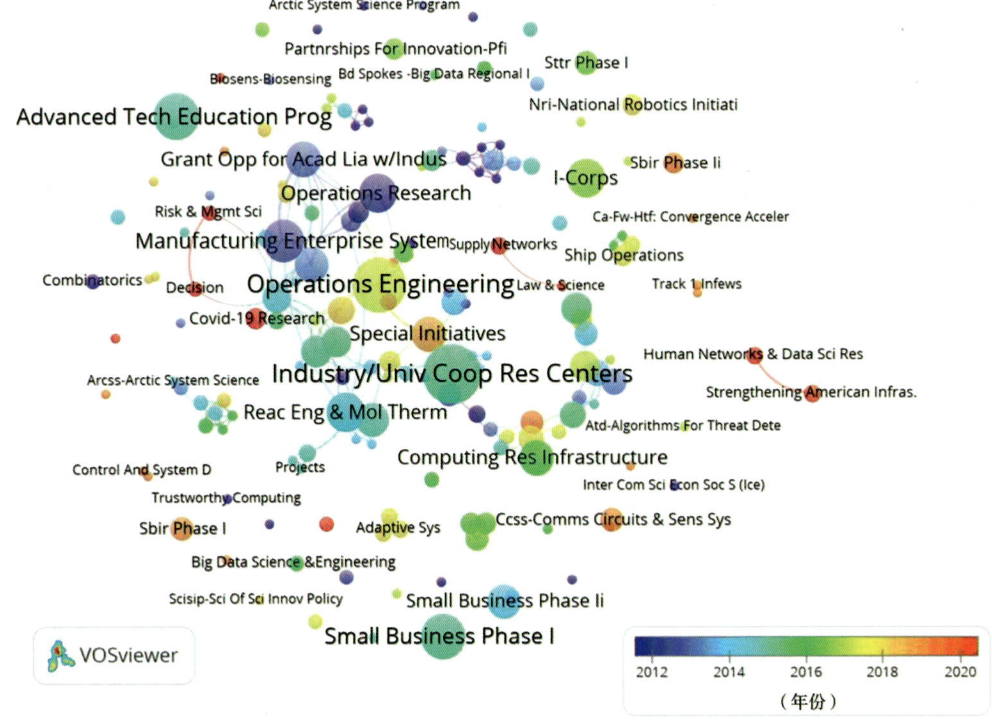

图 2-1　2011—2020 年 NSF 物流项目研究计划可视化网络和时间叠加图

和主题领域。

1. **总体资助格局**

2011—2020年的国家自然科学基金物流类项目1172项（见表2-4），占三大基金物流类项目总数的62.6%，表明中国高水平物流研究以国家自然科学基金资助为主。2011—2020年，国家自然科学基金物流类项目呈现增长态势，1172项国家自然科学基金物流类项目的资助总额共计57591.2万元，平均单项资助金额为49.1万元（见表2-6）。

表2-6　　2011—2020年国家自然科学基金物流类项目资助情况

项目情况	“十二五”时期					合计	“十三五”时期					合计
	2011	2012	2013	2014	2015		2016	2017	2018	2019	2020	
立项数（项）	95	91	104	109	128	527	138	109	126	135	137	645
资助金额（万元）	3812.8	3962.8	8006.6	5495.7	5572.0	26849.9	5694.3	3576.5	5333.8	6074.5	10062.2	30741.3
平均每项资助（万元）	40.1	43.5	77.0	50.4	43.5	50.9	41.3	32.8	42.3	45.0	73.4	47.7

从立项数量看，2016年国家自然科学基金物流类项目共计138项，为历年最高，占近10年物流立项总数的11.8%。从资助金额和资助强度看，2020年国家自然科学基金物流类项目的资助总额为历史最高，达到10062.2万元，而平均每项资助金额历史最高为2013年，达到77.0万元/项。虽然立项数、资助金额和平均每项资助金额在2017年有所下滑，“十三五”期间平均每项资助金额与“十二五”期间相比略低，但根据近三年项目立项现状，立项数目逐步回升，资助强度大幅加强，尤其2020年资助金额占“十三五”期间资助金额的32.7%，说明物流研究仍然深受重视，物流业是国家鼓励发展的重点产业。

2. **依托机构及区域分布分析**

2011—2020年的国家自然科学基金物流类项目涉及高等学校、中国科学院以及中国社会科学院等不同性质的依托机构。268所高等学校共承担了1153项，占比98.4%，是物流基金项目研究的主力军。

统计项目依托机构所在的省/自治区/直辖市，可了解物流学术研究的空间分布。1172项国家自然科学基金物流类项目的依托机构分布在30个省/自治区/直辖市（见表2-7）。国家自然科学基金物流类项目立项主要受区域发展不平衡性制约，北京以153项（资助金额10415.4万元）雄踞榜首，遥遥领先，位居第二的江苏（128项，5775.2万元），紧跟其后的上海（108项，5034.1万元）也是项目产出的重要区域。获得资助项目的不平衡性也表现在人才聚集差异上，北京、江苏、上海从事物流领域研究的人才众多，依托单位也多。北京、江苏2011—2020年获得资助的项目中，依托单位分别有 37 个、32 个。

表 2–7　　2011—2020 年国家自然科学基金物流类项目依托机构区域分布

序号	省 / 自治区 / 直辖市	立项数（项）	资助金额（万元）	序号	省 / 自治区 / 直辖市	立项数（项）	资助金额（万元）
1	北京	153	10415.4	16	云南	27	868.7
2	江苏	128	5775.2	17	黑龙江	17	621.3
3	上海	108	5034.1	18	福建	17	592.3
4	辽宁	72	4616.8	19	河南	16	517.0
5	广东	93	4198.6	20	广西	13	422.5
6	安徽	58	3579.5	21	甘肃	10	347.0
7	湖北	65	3449.4	22	内蒙古	9	263.0
8	四川	62	2599.8	23	海南	8	245.0
9	浙江	60	2574.1	24	贵州	7	216.8
10	天津	49	2318.5	25	河北	5	153.0
11	湖南	47	2068.0	26	山西	5	139.4
12	陕西	34	1639.4	27	新疆	4	139.0
13	重庆	36	1409.0	28	宁夏	1	29.0
14	山东	31	1187.5	29	青海	1	20.0
15	江西	32	1186.9	30	吉林	1	19.0

然而，物流立项数较少的地区则主要分布于经济欠发达、科研实力较薄弱、物流人才聚集度严重不足的西部地区和边远地区。此外，2011—2020 年，西藏没有获得物流领域的立项资助。

中国西部地区商品流通及铁路、公路等基础设施相对落后，但中西部地区以独特的资源优势、产业特色和区位优势，拥有相当广阔的物流需求及物流发展空间潜力。完善基础设施建设，促进多式联运加快发展，优化供应链，强化区域物流枢纽建设，加大物流服务渗透，将推动物流业整体效率的提升。物流与供应链管理是非常重要的理论和实践问题。建议国家自然科学基金主管机构在统一协调项目研究力量和项目分布时，可适当加大对中西部地区的倾斜，加大基金资助强度，扩大覆盖面；教育、财政等行政部门也应采取有力措施，加强对这些地区高等学校科研资源和学科建设的倾斜和扶持，培养和扶植欠发达地区研究人员开展创新性科学研究，以稳定和凝聚地区优秀人才。

3. 基于词频分析法的物流学术研究热点

将 2016—2020 年国家自然科学基金 645 项物流类项目的 1161 个主题词进行分类汇总，对部分同义词进行合并处理（例如：策略和决策合并为决策，建模和模型合并为建模；电子商务和电商合并为电商）。最后，按照主题词频次降序排列，取出现频次大于 10 次的关键词作为高频主题词，得到近五年的高频主题词，如表 2-8 所示。

表 2-8　2016—2020 年国家自然科学基金物流类项目高频（≥ 10 次）主题词

序号	主题词	词频	序号	主题词	词频
1	供应链	134	22	可持续	13
2	决策	79	23	供应链优化	13
3	运输	47	24	供应链网络	12
4	建模	30	25	模式	12
5	物流	28	26	不确定	12
6	机制	27	27	质量	12
7	动态	22	28	控制	12
8	风险	21	29	服务	12
9	库存	19	30	生产	12
10	企业	18	31	城市物流	11
11	调度	18	32	路径优化	11
12	绿色	17	33	库存决策	11
13	供应链协调	17	34	供应链管理	11
14	供应链决策	17	35	管理	10
15	定价	16	36	供应链金融	10
16	优化	16	37	演化	10
17	协调	15	38	库存管理	10
18	数据驱动	15	39	约束	10
19	共享	14	40	闭环供应链	10
20	合作	13	41	供应链减排	10
21	电商	13	42	生鲜	10

通过 VOSviewer 提取 2016—2020 年国家自然科学基金物流类项目题名中的主题词，进行聚类分析。

结合图 2-4 分析看，近五年来，国家自然科学基金物流类项目研究涉及物流与供应链管理的多个方面。

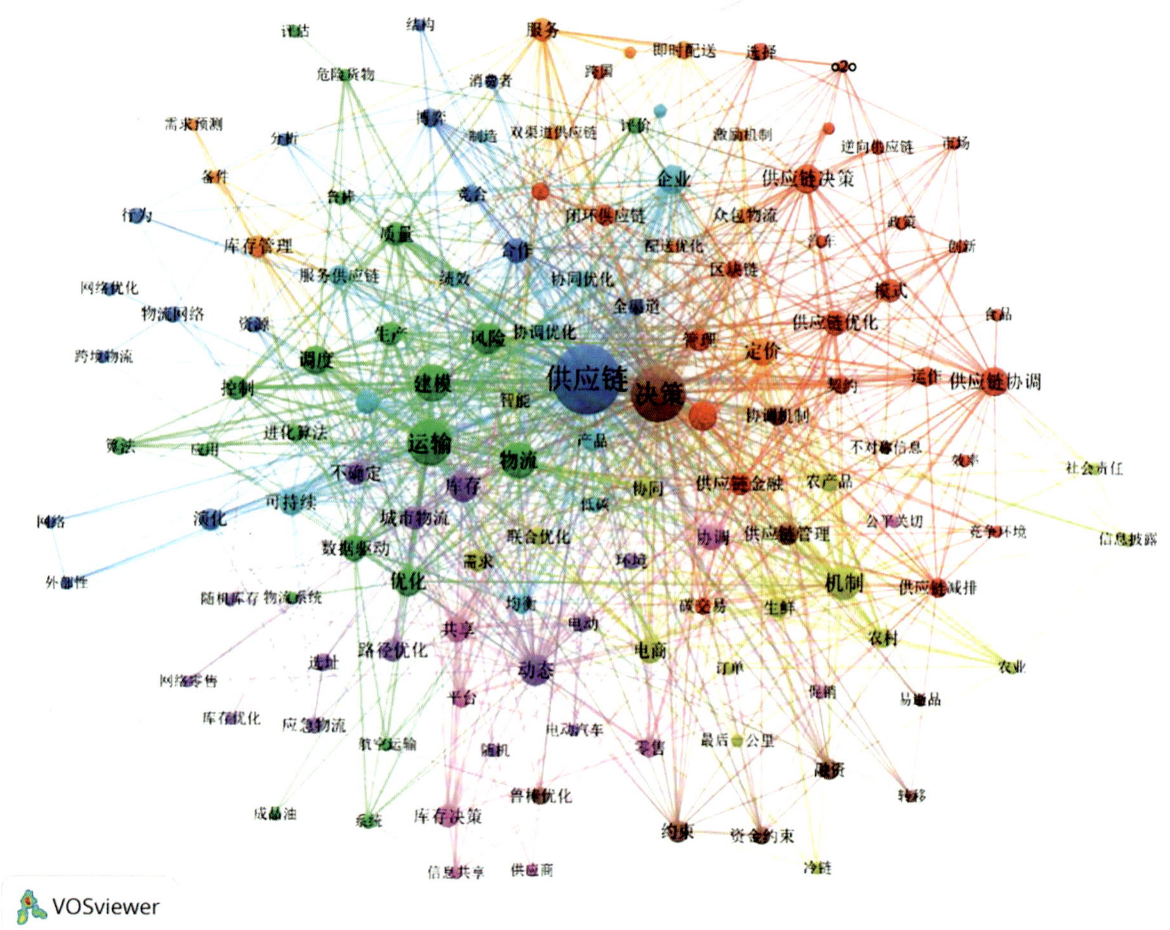

图 2-4　2016—2020 年国家自然科学基金物流类项目研究主题分布

（1）科技为城市物流赋能提速。

2016—2020 年，以城市物流为研究对象的立项数量有 27 项。城市物流以城市为依托，在服务城市内部经济系统的同时联系城市与外部区域。由于城市物流的重要作用及其与其他物流形式的显著区别，城市物流已日渐成为物流研究的热点。

随着物流业成为国家经济发展的支柱性产业之一，物流业已成为一个城市发展的核心基础设施。为了让城市与物流业实现协同发展、共同进步，未来城市的智能物流规划开始加速并受到多方关注。从分析结果来看，近年来，基于物联网的城市物流平台建设、数据网络建设、配送路径优化、城际仓储选址等信息技术及大数据等热门技术在物流领域的应用，以及城市物流的空间重构、低碳绿色物流等问题已成为项目研究的热点。同时，数据驱动城市物流智能协同优化、对城市地下智能物流的研究以重塑城市空间，共享终端配送等前沿技术已有涉及。此外，2020 年新冠肺炎疫情的暴发更是加速了无人配送的发展，虽然无人配送市场前景欣欣向荣，但其仍面临着技术的阻碍，对此的研究将是未来城市物流研究的重要方向。

（2）供应链风险与应急管理竞争加剧。

信息技术的迅猛发展，加剧了市场的激烈竞争。随着中国企业在国际市场的参与程度不断加深，用户需求越来越多样化，企业面临的不确定性也越来越复杂，如需求不确定、信息不对称、供应不确定等。特别需要关注是，一些重大事件（如生产事故、自然灾害、恐怖袭击、疫情暴发等）的发生给企业的供应链管理造成巨大影响。此次突如其来的新冠肺炎疫情对我国应急物流的供应链管理来说就是个严峻的考验。中小企业供应链面临成本增高、资金断链的严重风险，因此利用大数据等技术及时开展供应链风险深度分析，提前开展行业供应链风险预警，提出风险应对方案，完善多层次智慧供应链应急管理体系的重要性可见一斑，故而不难理解，供应链风险与应急管理成为近些年及未来物流领域的热点研究方向。

（3）碳达峰约束下绿色物流加速发展。

2016—2020 年，以绿色物流为研究对象的立项数量为 67 项。绿色物流概念已提出多年，融合了物流管理理论与生态学、环境学、经济学等多个学科的相关理论，但至今尚未形成统一定义。国家标准《物流术语》（GB/T 18354—2001）对绿色物流的定义是，实现物流环境的净化并使物流资源得到最充分利用。绿色物流突破了传统物流系统对生态环境的单向负面作用，通过将环境管理理念引入物流的仓储、运输、包装、装卸搬运等多个环节，兼顾物流效率、经济效益与环境效益，构建低碳节能、可持续发展的绿色物流体系，实现物流系统与生态环境系统的友好交互。绿色物流贯穿供应链的所有环节，包括从供应商采购、生产到物流过程中的仓储、包装、运输、流通加工，再到零售商销售给最终客户，最终到废弃物回收逆向物流的全过程。

2014 年国务院印发《物流业发展中长期规划（2014—2020 年）》，将大力发展绿色物流作为七大主要任务之一，提出“提高物流运作的组织化、网络化水平，降低物流业的总体能耗和污染物排放水平”，并提出到 2020 年基本建立绿色环保的物流服务体系。《“十三五”节能减排综合工作方案》提出，将“促进交通运输节能，推动商贸流通领域节能”纳入“十三五”重点领域的节能范畴。2017 年，《商务部等 5 部门关于印发商贸物流发展“十三五”规划的通知》中提出推广使用绿色物流设施设备和绿色包装，推进物流设施设备的循环共用，创新绿色物流运作模式，提高能源资源使用效率。2020 年 9 月，习近平总书记提出，2030 年二氧化碳排放达峰值，2060 年实现碳中和的目标，此目标的战略意义非常重大，关乎中华民族的伟大复兴，为绿色低碳发展和生态文明建设指明了方向。

目前，物流行业遇到前所未有的碳排放约束和绿色发展挑战，虽然绿色包装、绿色配送、绿色仓储等绿色物流发展相关研究应运而生，但绿色物流发展仍面临着标准化程度低，评价指标体系、考核办法、激励机制等制度缺失，基础设施不完善，相关专业人才缺乏等问题。因此，围绕绿色物流开展相关研究具有非常重要的理论与现实意义。无论从政治环境、经济环境，还是从社会环境来看，绿色物流正日益成为物流研究的重要方向。

2006—2020年，CNKI数据库中物流科技领域的中文论文数量整体波动较大（见图2-6）。“十一五”期间总论文数量18528篇，2006—2007年论文数量增加明显，2008年论文数量下跌到3120篇，之后缓慢增加。“十二五”期间总论文数量为20531篇，2014年论文数量达到最高的4774篇，但2015年大幅下跌到2898篇。之后在“十三五”期间总论文数量为15509篇，相较“十二五”期间总论文数量下降明显，每年发文数量在3000篇上下，近几年物流科技领域的中文论文数量波动较小。

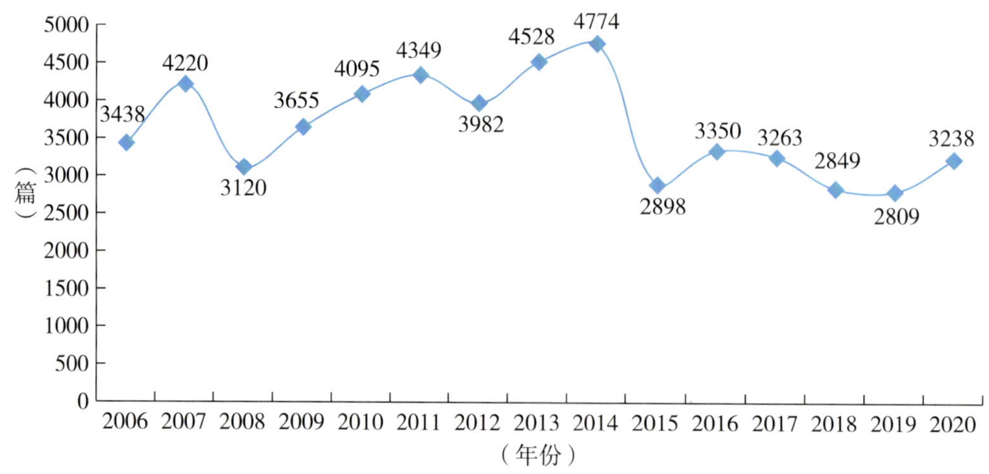

图2-6 2006—2020年CNKI数据库物流科技领域中文论文数量

2.2.2 研究力量分布分析

2.2.2.1 国家/地区分析

通过对不同国家/地区物流科技领域的论文产出情况进行分析，可以了解国家/地区的整体科研实力。通过分析国家/地区之间的合作网络，可以了解国家/地区之间的合作特征。

1. 国家/地区发文数量分析

通过统计SCIE/SSCI数据库中物流科技领域主要国家/地区的年度发文数量（见图2-7），可以发现中国大陆、美国、英国作为总发文数量高的国家/地区，年度论文数量也整体较高，且总体呈上升趋势。其中，中国大陆的总论文数量最高（4985篇），“十一五”期间、“十二五”期间、“十三五”期间的论文数量分别是359篇、1121篇、3505篇，三个时期论文数量的增长率均超过200%，2020年论文数量达到1144篇，说明中国大陆在物流科技领域的外文科研成果产出增长迅速。美国作为总发文数量第二的国家/地区（4870篇），从2017年开始年度发文数量被中国大陆超越，“十一五”期间、“十二五”期间、“十三五”期间的论文数量分别是879篇、1581篇、2410

篇，说明美国物流科技领域起始发文数量较高，但是增速逐渐放缓，甚至 2019—2020 年出现一定程度的下跌。英国作为发文数量第三的国家 / 地区（2122 篇），一直保持较高的增长速度。此外，相比于“十二五”期间，伊朗、印度、法国在“十三五”期间的发文数量都有较高的增长速度；而德国、加拿大、意大利总发文数量较高，但是近五年增速放缓。

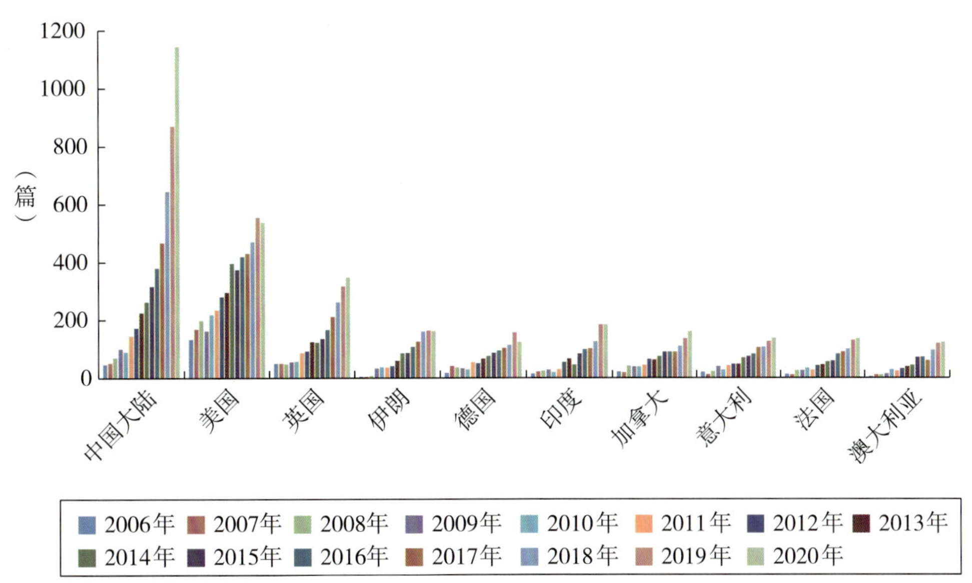

图 2-7　2006—2020 年 SCIE/SSCI 数据库物流科技领域主要国家 / 地区的年度发文数量

2. 国家 / 地区合作分析

利用分析软件 DDA、VOSviewer，绘制国家 / 地区之间的合作网络（见图 2-8）。整体上看，在物流科技领域外文科研成果产出中，国家 / 地区之间合作紧密的，合作频次较高。其中，中国大陆和美国的论文数量多，合作频次也最高（834 篇），占中国大陆论文总量的 16.73%；此外，中国大陆的主要合作国家 / 地区还有英国（406 篇）、加拿大（172 篇）、澳大利亚（170 篇）。而美国的合作伙伴除了中国大陆外，还有英国（235 篇）、加拿大（169 篇）、印度（151 篇）、韩国（147 篇）等。除此之外，合作频次较高的还有中国大陆和中国台湾地区（131 篇）、美国和德国（128 篇）、英国和印度（127 篇）、中国大陆和新加坡（121 篇）等。从图中标签的颜色可以看出国家 / 地区的平均发文时间，论文数量较高的国家 / 地区中，中国大陆、印度、伊朗、法国、澳大利亚的标签颜色较浅、平均发文时间在 2016—2017 年。

结合 SCIE/SSCI 数据库物流科技领域国家 / 地区年度论文数量和合作情况，可以看出国家 / 地区之间的学术交流与合作活动十分活跃，中国大陆学者也积极参与国际科研活动，尤其与欧美地区合作产出了较多学术成果。近几年研究成果产出比较多的国家 / 地区是中国大陆、伊朗、印度、法国、英国，而增速放缓的是美国、德国、意大利。

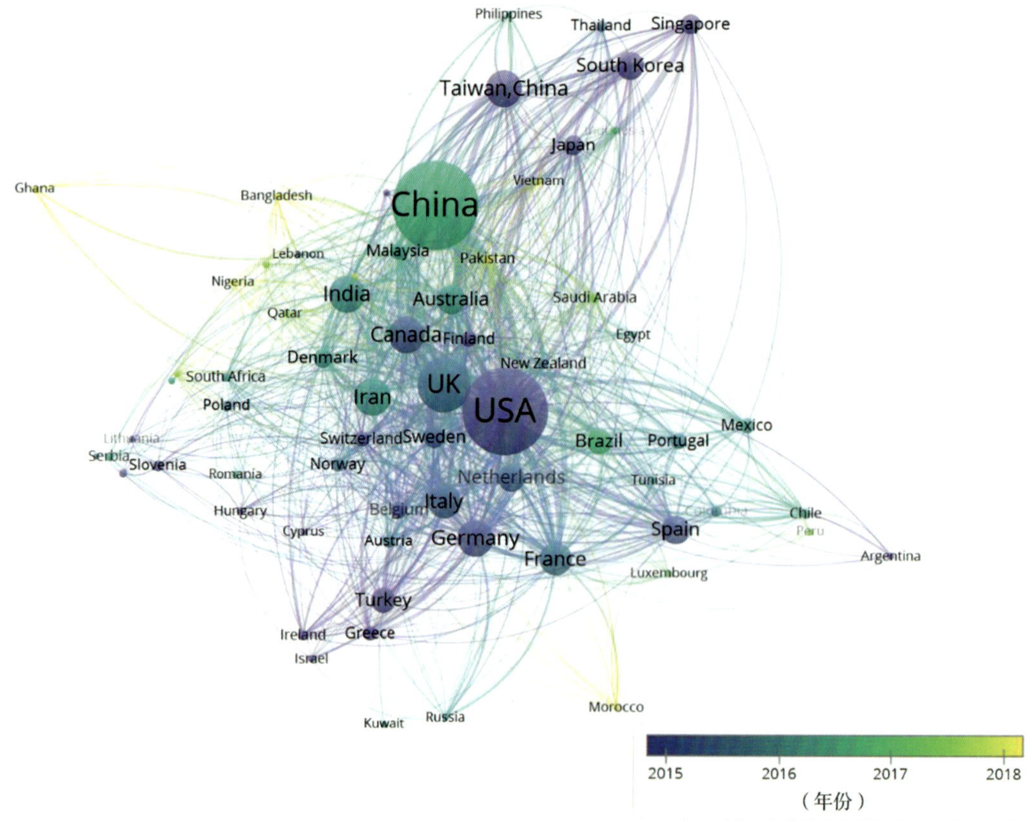

图 2–8 SCIE/SSCI 数据库物流科技领域国家 / 地区合作网络

2.2.2.2 机构分析

通过对研究机构产出和机构合作的分析，可以发现本领域的重要机构，从而了解本领域内主要研究机构的科研实力，为学者寻求合作、跟踪目标提供参考。

1. 机构发文数量分析

图 2–9 统计了 2006—2020 年 SCIE/SSCI 数据库物流科技领域外文发文数量 Top 10 机构的年度论文数量。其中，香港理工大学作为发文量最高的机构（564 篇），年度论文数量也一直保持较高的名次。发文数量 Top 10 机构中，中国的机构表现突出，除了香港理工大学，还有香港大学（205 篇）、天津大学（190 篇）、上海交通大学（183 篇），尤其是天津大学、上海交通大学在“十三五”期间分别发表论文 150 篇、118 篇，占该机构 15 年来物流科技领域总论文数量的 78.9%、64.5%，说明近几年中国大陆机构物流科技领域的外文论文数量增长明显、成果产出丰硕。此外，印度理工学院、伊斯兰自由大学近五年的学术研究十分活跃，发表的论文数量超过该机构 15 年来物流科技领域总论文数量的 60%。而诺丁汉大学和新加坡国立大学近几年论文数量的增长速度相对缓慢。

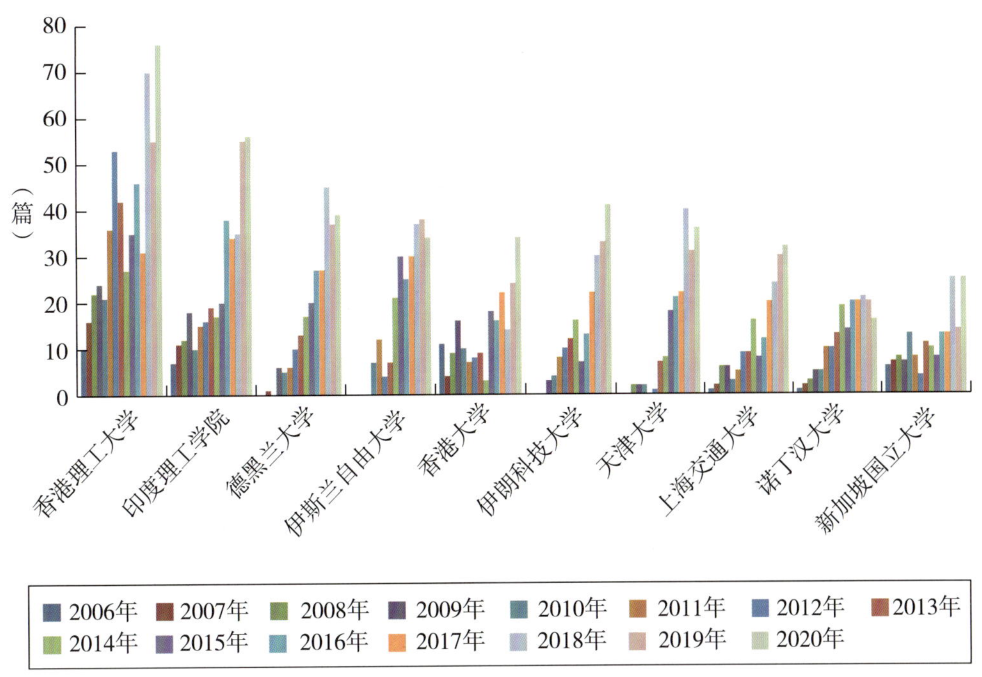

图 2-9　2006—2020 年 SCIE/SSCI 数据库物流科技领域外文发文数量 Top10 机构的年度论文数量

图 2-10 统计了 2006—2020 年 CNKI 数据库物流科技领域 10 个主要机构发表的中文论文数量变化情况，可以看出近五年主要机构的发文数量整体上有所减少。“十一五”期间，论文数量最高的机构是西南交通大学（352 篇）、华中科技大学（349 篇）、重庆大学（346 篇），这三所机构也是

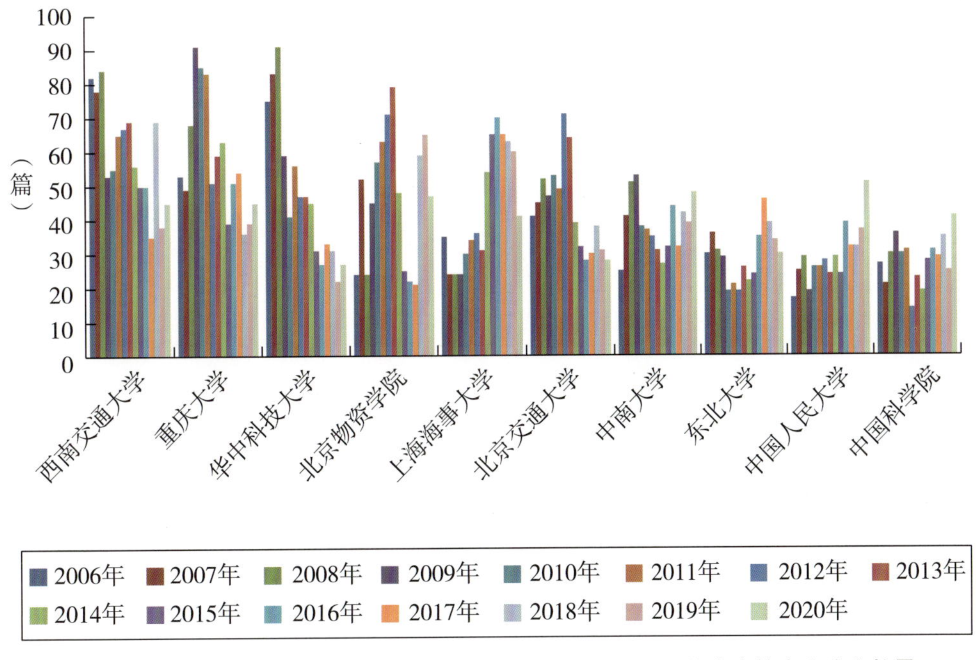

图 2-10　2006—2020 年 CNKI 数据库物流科技领域主要机构发表的中文论文数量

总论文数量较高的机构，分别为 896 篇、715 篇、866 篇，其中重庆大学在 2009—2011 年论文数量远远高于其他机构。“十二五”期间，机构的论文数量变化较大，北京物资学院、北京交通大学论文数量增加明显，该阶段的论文数量分别为 286 篇、255 篇。“十三五”期间，虽然大部分机构的发文数量有所下降，但是一些机构也有明显增长，尤其上海海事大学表现突出，近五年论文数量为 299 篇，位列该时间段论文数量第一，占该机构总论文数量（656 篇）的 45.6%。东北大学、中国人民大学、中国科学院近五年的发文数量也有较多增加。

2. 机构合作分析

图 2–11 展示了 2006—2020 年 SCIE/SSCI 数据库物流科技领域发文数量达到 70 篇的机构之间的合作关系，相同的节点颜色代表一个合作群，节点的大小表示机构与其他机构的总合作强度。主要有 4 个合作群：一是红色合作群，主要由中国的机构构成，有香港理工大学、中国科学院、香港城市大学、香港大学、华中科技大学、浙江大学、上海海事大学、上海交通大学等，该合作群高产出机构最多、合作最为频繁，涵盖了中国主要的物流科技研究机构；二是绿色合作群，主要由欧洲、美国和中国大陆的机构构成，包括南丹麦大学、代尔夫特理工大学、卡耐基梅隆大学、马里兰大学、北京交通大学、清华大学等，该合作群横跨地域最广、合作对象众多；三是蓝色合作群，主要由中国台湾地区、美国等的机构构成，包括台湾大学、台湾科技大学、乔治亚理工学院、麻省理工学院、伊利诺伊大学、加州大学伯克利分校等；四是浅蓝色合作群，主要由伊朗的机构构成，由

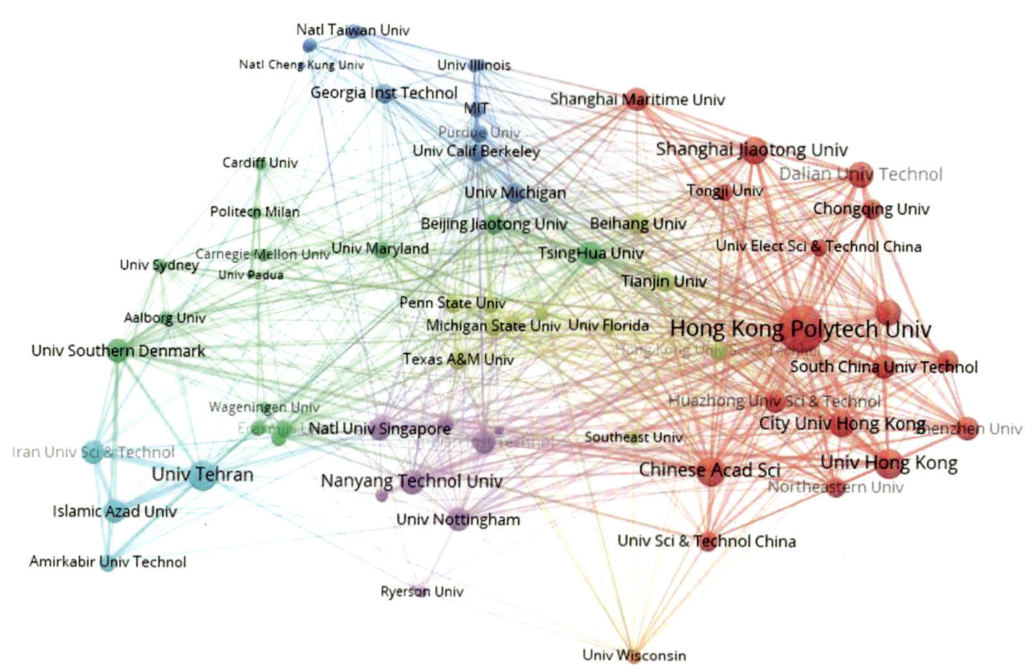

图 2–11　2006—2020 年 SCIE/SSCI 数据库物流科技领域机构合作网络

伊斯兰自由大学、德黑兰大学、阿米尔卡比尔理工大学、伊朗科技大学，该合作群内部合作较多，与外部合作相对较少。

可以看出，SCIE/SSCI 数据库物流科技领域机构之间已经形成较为稳定的合作关系，且表现出一定的地域邻近性。其中，中国大陆的机构表现突出，不仅成果产出较多，也积极地与其他机构合作，但是跨国家 / 地区的合作还需加强。美国机构的发文数量虽然没有进入 SCIE/SSCI 数据库论文数量 Top 10，但是高产出的机构仍然较多，且与其他机构的合作更加广泛，分布在不同的合作群，展示出更加活跃的学术交流合作氛围。

在 CNKI 数据库收录的论文中，物流科技领域机构之间的合作研究也十分活跃（见图 2–12），并且合作关系表现出更加明显的地域邻近性特点，主要分析合作群如下：①红色节点的合作群由京津冀地区的机构构成，包括北京交通大学、北京物资学院、中国科学院、中国人民大学、清华大学、北京大学、南开大学、天津大学、燕山大学等；②绿色节点的合作群主要由上海、浙江的高校构成，包括上海交通大学、同济大学、上海海事大学、浙江工业大学、浙江大学等，南昌大学、江西财经大学也在该合作群；③紫色合作群主要由西南地区的高校构成，包括西南交通大学、重庆交通大学、重庆大学、电子科技大学、四川大学、重庆工商大学等。

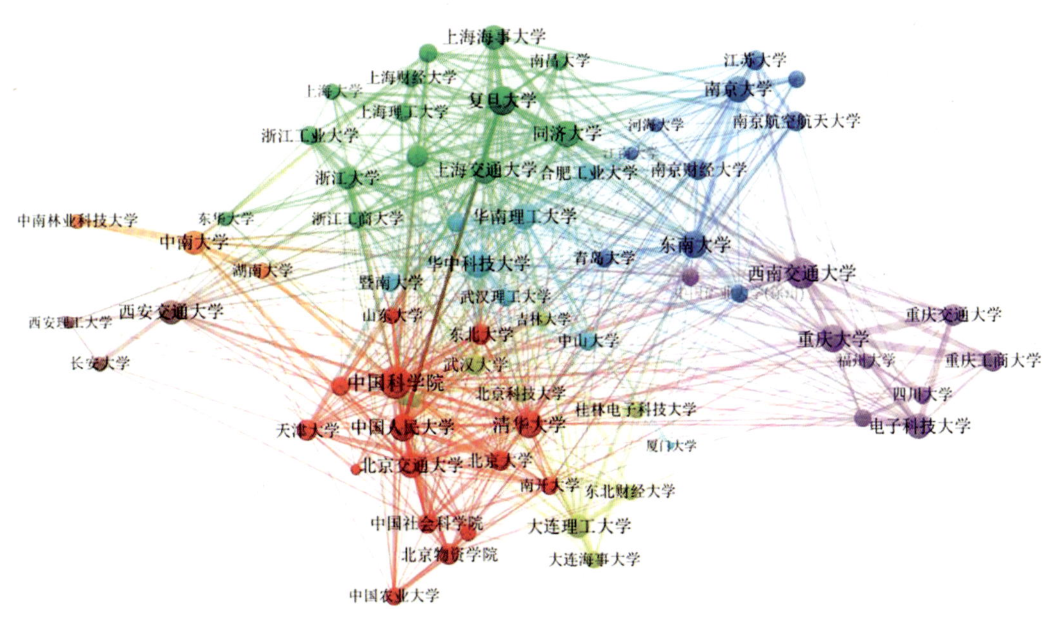

图 2–12　2006—2020 年 CNKI 数据库物流科技领域机构合作网络

2.2.2.3　作者分析

通过作者分析，旨在发现本领域的高产作者，并分析作者合作网络，从而挖掘本领域的重要学者，厘清合作者群的合作机制及其研究方向，为相关学者之间进行学术交流、开展合作研究提供参考。

1. 作者发文数量分析

SCIE/SSCI 数据库物流科技领域 2006—2010 年、2011—2015 年、2016—2020 年论文数量以及 2006—2020 年总论文数量最高的 10 位作者如表 2-12 所示。整体来看，2016—2020 年相较 2006—2010 年、2011—2015 年，学者的发文数量整体提高较多。2016—2020 年总论文数量最高的是来自南丹麦大学、上海海事大学的 Govindan Kannan（123 篇），该学者在 2006—2010 年只发表了 8 篇文章，但是 2011—2015 年、2016—2020 年发文数量均为第一，2016—2020 年达到 73 篇，说明该学者是近十年学术活动最为活跃的学者。总论文数量排名第二的香港理工大学学者 Chan FTS（92 篇），在 2006—2010 年、2011—2015 年分别排名第一、第二，但是近五年发文数量较少（28 篇），未进入发文数量 Top 10 作者之列。总论文数量并列第二的加州州立大学学者 Gunasekaran Angappa（92 篇）2016—2020 年以 53 篇的发文数量位居第二，也是近五年十分活跃的学者。香港理工大学 Cheng TCE 以总论文数量 84 篇位居第四，近五年的论文数量虽然有较大提高，但是名次有所下降。除此之外，香港理工大学 Choi Tsan Ming、香港大学 Huang George Q、台湾亚洲大学 Ming-Lang Tseng、伍斯特理工学院 Sarkis Joseph 是近五年物流科技领域外文论文产出较多的学者。

表 2-12　2006—2020 年 SCIE/SSCI 数据库物流科技领域论文数量 Top 10 作者

2006—2010 年		2011—2015 年		2016—2020 年		2006—2020 年	
作者	论文数量（篇）	作者	论文数量（篇）	作者	论文数量（篇）	作者	论文数量（篇）
Chan FTS	27	Govindan Kannan	42	Govindan Kannan	73	Govindan Kannan	123
Puigjaner Luis	18	Chan FTS	37	Gunasekaran Angappa	53	Chan FTS	92
Karimi Iftekhar A	14	You Fengqi	32	Choi Tsan Ming	50	Gunasekaran Angappa	92
Deshmukh S G	14	Cheng TCE	31	Huang George Q	48	Cheng TCE	84
Srinivasan Rajagopalan	14	Gunasekaran Angappa	29	Ming-Lang Tseng	48	Sarkis Joseph	82
Disney Stephen M	14	Sarkis Joseph	28	Sarkis Joseph	45	Huang George Q	80
Wadhwa Subhash	14	Tiwari MK	26	Dolgui Alexandre	44	Tiwari MK	80
Choy King Lun	13	Jaber Mohamad Y	26	Cheng TCE	41	Choi Tsan Ming	78
Tiwari MK	13	Lai Kee Hung	25	Tiwari MK	41	You Fengqi	76
Lau Henry C W	13	Diabat Ali	25	You Fengqi	40	Jaber Mohamad Y	63

2. 作者合作分析

采用 VOSviewer 绘制 2006—2020 年 SCIE/SSCI 数据库物流科技领域的作者合作网络如图 2-13 所示。加州州立大学 Gunasekaran Angappa，南丹麦大学、上海海事大学 Govindan Kannan，以及香港理工大学 Chan FTS、Cheng TCE 等是合作网络中的核心作者，具体分析如下。

（1）加州州立大学 Gunasekaran Angappa 的总链接强度最高，表示在该合作网络中该作者与其他作者的合作最频繁，其研究主题是供应链风险、可持续性和工业 4.0，其所在的作者合作群还有蒙彼利埃高等商学院 Dubey Rameshwar、肯特大学 Papadopoulos Thanos、印度理工学院 Tiwari MK 等。

（2）总发文数量最高的南丹麦大学、上海海事大学 Govindan Kannan，担任“运营与供应链管理中心”教授，创立了可持续供应链工程中心并担任中心负责人，也与很多学者开展了合作，主要有南丹麦大学 Kannan Devika、印度国立理工学院 Haq A. Noorul、纽约大学 Diabat A 等，主要研究方向是绿色供应链、可持续供应链管理、逆向物流、闭环供应链等，研究成果主要结合了印度的产业发展问题。Govindan Kannan 作为上海海事大学的引进学者，2020 年与上海海事大学合作发表了 7 篇论文，涉及供应链网络、可持续供应链、闭环供应链，以及新冠肺炎疫情下供应链需求决策问题等。

（3）香港理工大学作为物流科技领域外文论文数量最高的机构，围绕 Chan FTS、Cheng TCE 形成了两个科研实力强劲的研究团队。Chan FTS 是香港理工大学工业与系统工程学系副主任，其所在

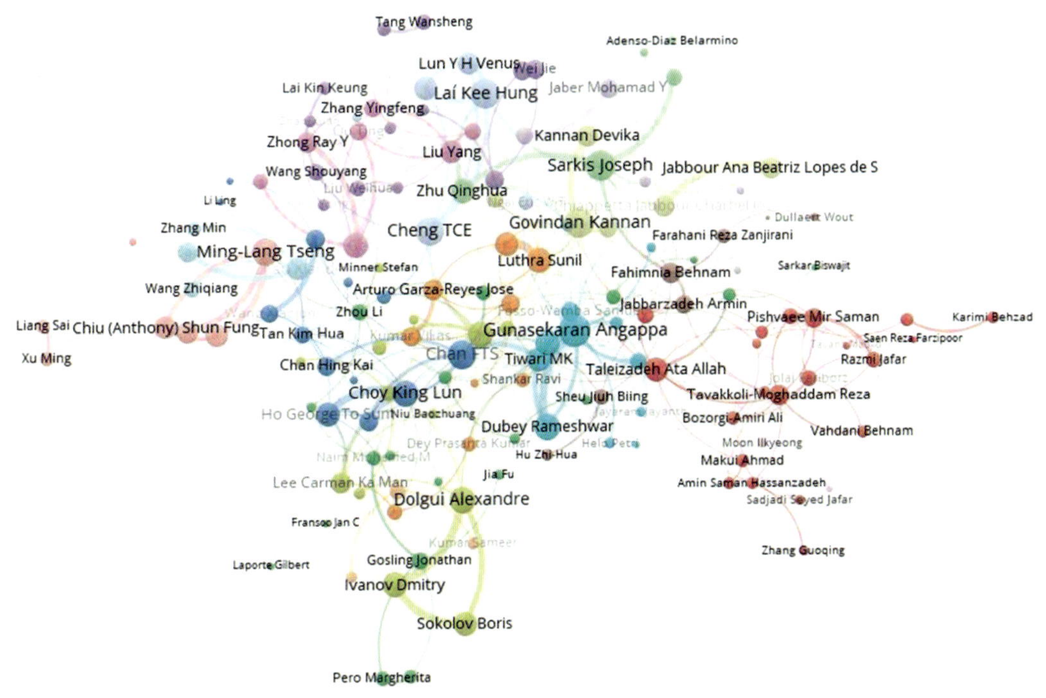

图 2-13　2006—2020 年 SCIE/SSCI 数据库物流科技领域作者合作网络

团队的研究主题是物流与供应链管理，物流系统的仿真模拟、生产管理、运行管理、人工智能优化等，合作者主要有香港理工大学的 Choy King Lun、Chung Sung Hoon、Ho George To Sum，以及印度理工学院 Tiwari MK 等，近几年与内地学者开展了较多合作，如深圳大学钱小虎、东北财经大学王正旭。Cheng TCE 是香港理工大学商学院物流及航运学系教授，任商学院院长，该团队的研究内容涵盖了物流科技的各个领域，包括航运、港口、运营管理、质量管理、运输与供应链管理、电子商务等方面，其合作对象主要有香港理工大学 Lai Kee Hung、Wong Christina W Y，中国科学院汪寿阳等，近几年与西安交通大学李刚、北京交通大学华国伟有较多的合作产出。

2.2.2.4 期刊分析

学术期刊是学术交流、科技传承和科学评价的主要信息载体，通过分析物流科技领域外文论文所在期刊的分布可以确定该领域的重要期刊，指导科研人员投稿，并为该领域研究者对该领域相关文献的搜集和管理提供一定的依据。

表 2-13 统计了 2006—2020 年 SCIE/SSCI 数据库物流科技领域载文量 Top 20 的期刊信息。30 种期刊中，JCR 分区 Q1 区期刊、Q2 区期刊分别有 13 本、5 本，占比达到 90%，说明期刊整体上质量较高。期刊的研究方向主要集中在运营研究与管理科学、工业生产、交通运输、经济学、计算机等领域，横跨了多个学科领域。

表 2-13　2006—2020 年 SCIE/SSCI 数据库物流科技领域载文量 Top 20 的期刊信息

序号	期刊名称	论文数量（篇）	被引频次（次）	篇均被引频次（次）	JCR 分区	2 年影响因子
1	*International Journal of Production Economics*	2224	97440	43.81	Q1	5.134
2	*Journal of Cleaner Production*	2070	72420	34.99	Q1	7.246
3	*International Journal of Production Research*	1823	45650	25.04	Q1	4.577
4	*Computers Industrial Engineering*	1056	22947	21.73	Q1	4.135
5	*Transportation Research Part E: Logistics and Transportation Review*	643	20627	32.08	Q1	4.69
6	*Production Planning Control*	573	10080	17.59	Q1	3.605
7	*Production and Operations Management*	526	16123	30.65	Q2	2.59
8	*Expert Systems with Applications*	440	19996	45.45	Q1	5.452
9	*Mathematical Problems in Engineering*	412	1898	4.61	Q3	1.009
10	*Industrial Management Data Systems*	383	7628	19.92	Q2	3.329

续 表

序号	期刊名称	论文数量（篇）	被引频次（次）	篇均被引频次（次）	JCR分区	2年影响因子
11	*Ieee Access*	355	2606	7.34	Q1	3.745
12	*International Journal of Advanced Manufacturing Technology*	352	8529	24.23	Q2	2.633
13	*Computers Operations Research*	323	12151	37.62	Q2	3.424
14	*Resources Conservation and Recycling*	312	12209	39.13	Q1	8.086
15	*Computers Chemical Engineering*	281	9205	32.76	Q1	4.0
16	*Applied Energy*	276	8120	29.42	Q1	8.848
17	*Applied Mathematical Modelling*	264	8713	33.00	Q1	3.633
18	*Journal of Intelligent Manufacturing*	170	3407	20.04	Q1	4.311
19	*Journal of Manufacturing Technology Management*	170	2529	14.88	Q2	3.385
20	*Transportation Research Record*	166	1282	7.72	Q4	1.029

其中，*International Journal of Production Economics* 期刊载文量最高，达到 2224 篇，其篇均被引频次为 43.81 次，位列第二，说明该期刊不仅为物流科技领域提供了大量的科研成果，且其成果具有较高的学术影响力。*Journal of Cleaner Production* 期刊载文量 2070 篇，且为 Q1 区期刊，篇均被引频次 34.99 次，也是物流科技领域的重要期刊。除此之外，*Expert Systems with Applications* 发文量不大，但是篇均被引频次最高，说明在物流科技领域受到较多学者的关注。*International Journal of Production Research*、*Computers Industrial Engineering* 也有较高的载文量，是物流科技领域学者发布科研成果的重要刊物。

2.2.3 研究主题分析

1. 研究主题变化分析

从表 2-14、表 2-15 可知，2006—2020 年，物流科技领域的热点和频次会有所变化，但是一些研究主题一直是学者关注的重点领域，如仿真模拟（Simulation）、逆向物流（Reverse Logistics）、优化（Optimization）、库存（Inventory）等是国外物流科技领域的研究热点，而物流企业、电子商务、物流业在国内拥有较多的研究成果。三个时间段具体分析如下所示。

（1）2006—2010 年，物流科技外文论文的研究范围主要集中在物流系统的规划、设计、实施和管理问题，其中仿真模拟（Simulation）、逆向物流（Reverse Logistics）、射频识别技术（Radio Frequency Identification）、优化（Optimization）、库存（Inventory）等关键词频次较高，此外遗传算法（Genetic Algorithm）、案例研究（Case Study）等研究方法也有较多的研究成果。

而 2006—2010 年正是我国电子商务快速发展时期，物流市场需求持续扩大，物流产业也亟待发展完善，因此物流企业、第三方物流、电子商务、现代物流、物流业、物流成本、物流配送、供应链协调等物流产业的发展问题是国内论文的重点研究内容。

（2）2011—2015 年，在物流科技领域外文论文中，仿真模拟（Simulation）、逆向物流（Reverse Logistics）、优化（Optimization）依然是频次较高的关键词。此外，随着可持续发展理念的发展，物流科技领域也积极开展绿色、可持续发展模式研究，可持续性（Sustainability）、闭环供应链（Closed-Loop Supply Chain）、绿色供应链管理（Green Supply Chain Management）在该阶段受到学者的关注，研究成果的数量开始增加。

在物流科技领域的中文论文中，物流企业、电子商务、物流业依然是频次高的关键词。而学者也更加关注物流科技领域的技术和方法研究，研究成果显著增加，如物联网（Internet of Things）、层次分析法（AHP）、遗传算法、Stackelberg 博弈等。

（3）2016—2020 年，随着物流科技领域外文论文数量的快速增加，关键词的频次也有了较大幅度增长，其中可持续性（Sustainability）增长最快、频次位列第一，闭环供应链（Closed-Loop Supply Chain）、可持续供应链（Sustainable Supply Chain）、再制造（Remanufacturing）、循环经济（Circular Economy）等高频关键词也体现了现代物流的发展方向，是学者们竞相研究的热点。此外，物联网、工业 4.0（Industry 4.0）也有较多的研究成果，说明物流智能化发展趋势势不可当。

而中文科研成果紧跟我国商业发展的需求，电子商务、供应链金融、“互联网 +”、农产品频次较高；且“十三五”期间，我国更加深入地参与全球经济，“一带一路”、跨境电商等关键词也反映了物流业的国际化发展要求。闭环供应链、绿色供应链在该阶段也有较高的频次。此外，新冠肺炎疫情也是进入 Top 20 频次的关键词，说明新冠肺炎疫情给物流科技领域带来了新的挑战和机遇，引起学者关注。

总体上看，物流科技领域外文论文更加关注研究方法的应用，且近几年可持续发展以及相关主题是物流科技领域的前沿热点。而物流科技领域中文论文较多地与我国商业经济的发展紧密结合，尤其是电子商务和全球化的发展需求。

表 2-14 2006—2020 年 SCIE/SSCI 数据库物流科技领域每五年频次 Top 20 关键词

2006—2010 年		2011—2015 年		2016—2020 年	
关键词	频次（次）	关键词	频次（次）	关键词	频次（次）
Simulation	113	Simulation	163	Sustainability	558
Reverse Logistics	90	Reverse Logistics	162	Optimization	315
Radio Frequency Identification	87	Optimization	154	Game Theory	290
Optimization	85	Sustainability	145	Closed–Loop Supply Chain	278
Inventory	84	Inventory	145	Sustainable Supply Chain	238
Genetic Algorithm	72	Radio Frequency Identification	138	Remanufacturing	233
Inventory Control	59	Game Theory	124	Circular Economy	212
Bullwhip Effect	51	Closed–Loop Supply Chain	118	Green Supply Chain Management	209
Supplier Selection	48	Genetic Algorithm	117	Life Cycle Assessment	204
Case Study	46	Green Supply Chain Management	111	Reverse Logistics	194
Remanufacturing	45	Supplier Selection	105	Uncertainty	189
Supply Chain Coordination	45	Remanufacturing	98	Multi–Objective Optimization	180
Scheduling	44	Life Cycle Assessment	97	Simulation	173
Inventory Management	39	Supply Chain Coordination	87	Internet of Things	171
Coordination	37	Pricing	83	Genetic Algorithm	165
Uncertainty	36	Case Study	80	Pricing	165
Transportation	35	Inventory Management	80	Industry 4.0	165
Information Sharing	35	Transportation	79	Supply Chain Coordination	155
Outsourcing	34	Multi–Objective Optimization	78	Transportation	139
Heuristics	33	Analytic Hierarchy Process	77	Inventory	130

表 2-15 2006—2020 年 CNKI 数据库物流科技领域每五年频次 Top 20 关键词

2006—2010 年		2011—2015 年		2016—2020 年	
关键词	频次（次）	关键词	频次（次）	关键词	频次（次）
物流企业	590	物流企业	569	电子商务	451
第三方物流	512	电子商务	501	供应链金融	382
电子商务	505	物流业	447	闭环供应链	325
对策	376	农产品	361	“互联网 +”	315

续 表

2006—2010 年		2011—2015 年		2016—2020 年	
关键词	频次（次）	关键词	频次（次）	关键词	频次（次）
现代物流	338	供应链协调	314	农产品	309
逆向物流	331	第三方物流	313	供应链协调	297
物流业	288	闭环供应链	313	“一带一路”	289
物流成本	239	物联网（IoT）	274	跨境电商	250
物流配送	208	供应链金融	241	Stackelberg 博弈	238
绿色物流	204	逆向物流	212	物流业	237
供应链协调	196	层次分析法（AHP）	209	冷链物流	209
农产品	192	冷链物流	206	区块链	183
物流园区	174	物流配送	198	生鲜农产品	168
物流系统	173	对策	190	双渠道	164
物流服务	170	遗传算法	190	影响因素	156
遗传算法	164	Stackelberg 博弈	188	遗传算法	155
第三方物流企业	161	影响因素	180	大数据	155
产业集群	152	农产品物流	175	绿色供应链	145
协调	151	物流产业	172	双渠道供应链	145
ERP	150	协调	170	新冠肺炎疫情	140

2. 近三年研究主题的对比分析

图 2-14 展示了 2018—2020 年物流科技领域外文论文的研究主题分布。从图中可知，近三年中，可持续性（Sustainability）、可持续供应链（Sustainable Supply Chain）、闭环供应链（Closed-loop Supply Chain）依然有较高的频次，与之相关的循环经济（Circular Economy）、循环供应链（Circular Supply Chain）、循环商业模式（Circular Business Model）、清洁生产（Cleaner Production）、生命周期评价（Life Cycle Analysis）、碳税（Carbon Tax）、碳排放（Carbon Emission）、碳足迹（Carbon Footprint）也十分突出，反映了物流业可持续发展研究中企业管理路径的创新研究。此外，工业 4.0（Industry 4.0）、区块链（Blockchain）、增材制造（Additive Manufacturing）、机器学习（Machine Learning）、智慧工厂（Smart Factory）、大数据（Big Data）、信息物理融合系统（Cyber-Physical Systems）、产业物联网（Industrial Internet of Things）反映了外文文献中新技术在物流业的应用研究。而不确定性（Uncertainty）、定价（Pricing）、鲁棒优化（Robust Optimization）、遗传算法（Genetic

Algorithm）、车辆路径（Vehicle Routing）等也是近三年物流科技领域外文论文的研究热点。

图 2-15 展示了 2018—2020 年物流科技领域中文论文的研究主题分布。与外文论文的研究主题类似，闭环供应链、区块链、绿色供应链、碳税、碳减排、绿色度、不确定性、大数据、遗传算法、定价策略等都是近三年的研究热点，其中物流科技领域的绿色可持续发展也是中文论文的关注焦点。此外，中文论文的研究主题也体现了中国物流科技发展的需求特点，如电子商务、农产品、冷链物流、新零售、跨境物流、贸易便利化、供应链融资、供应链金融等反映了中国商业模式不

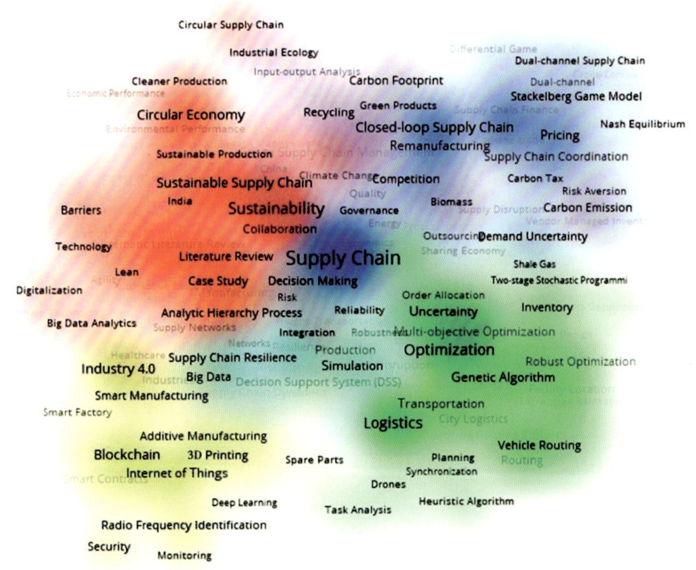

图 2-14　2018—2020 年 SCIE/SSCI 数据库物流科技领域关键词聚类

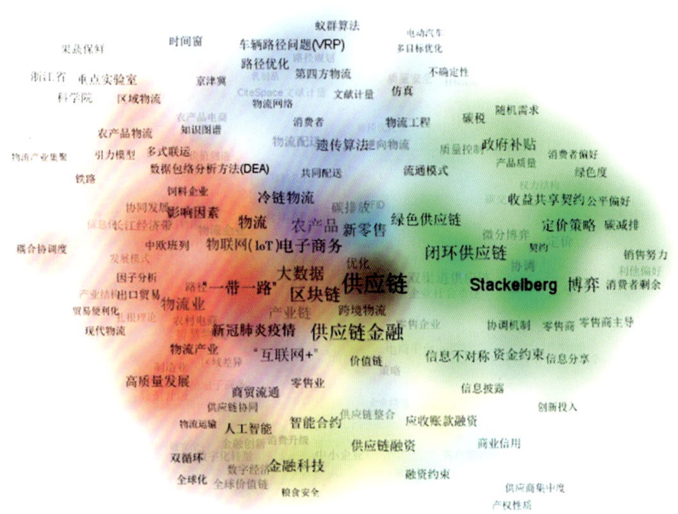

图 2-15　2018—2020 年 CNKI 数据库物流科技领域关键词聚类

断创新下的物流发展需求；而为实现全面建成小康社会，以及应对国内外复杂环境对贸易的不利冲击，高质量发展、双循环、精准扶贫、中欧班列、长江经济带、“一带一路”、协同发展等相关研究也是学者竞相关注的焦点，为我国供应链结构升级发展献策。2020 年，学者对新冠肺炎疫情背景下的“一带一路”贸易、中小企业、全球供应链、粮食安全、医疗物资运输等方面开展了较多研究。

2.3 基于科研成果获奖视角的物流科学研究现状分析

物流类科研成果奖励情况是物流科技与管理创新能力的重要体现。本节对“十二五”和“十三五”期间国内国家级、省部级、社会力量物流类科研成果获奖情况进行统计分析，挖掘中国物流类科研成果的亮点，发现现在物流领域的重大科技应用和管理创新。

2.3.1 国家级奖励项目视角下的物流科研现状分析

国家科学技术奖是为了奖励在科学技术进步中作出突出贡献的公民、组织，调动科学技术工作者的积极性和创造性，加速科学技术事业的发展，提高综合国力而设的奖项，每年评审一次，包括国家最高科学技术奖、国家自然科学奖、国家技术发明奖、国家科学技术进步奖和中华人民共和国国际科学技术合作奖。

2011—2020 年国家科学技术奖部分分项获奖项目数量如图 2-16 所示，2011 年获奖数量最多，达到 374 项。2013 年开始，国家精减了国家自然科学奖、国家技术发明奖和国家科学技术进步奖

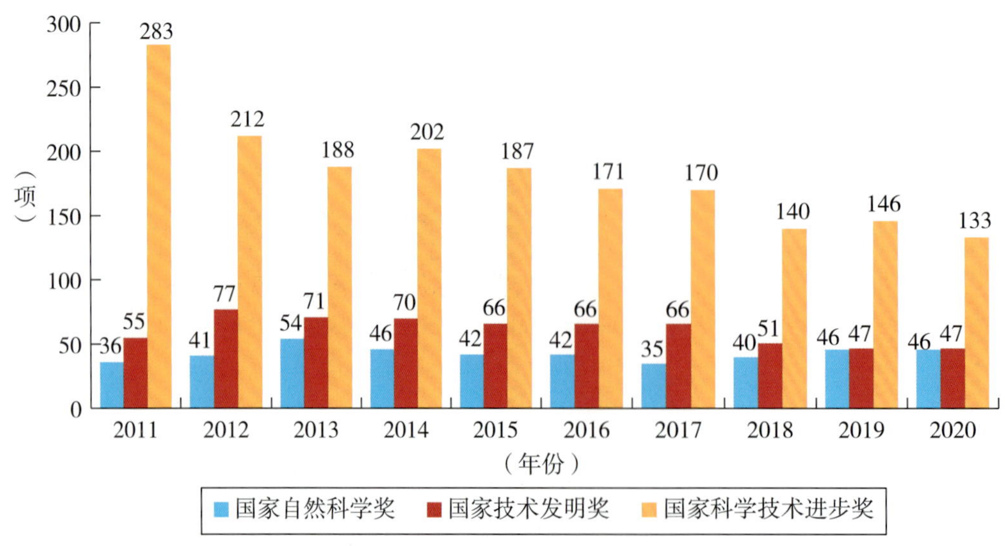

图 2-16 2011—2020 年国家科学技术奖部分分项获奖项目数量

的推荐指标数和评审指标数，突出鼓励自主创新成果和重大的发明创造。2020 年这三项共授奖 226 项成果，与 2011 年相比，2020 年国家自然科学奖、国家技术发明奖和国家科学技术进步奖三大奖总数减少 148 项，降幅达到 39.6%。三大奖比例结构经过不断调整，由 2011 年的 9.6%、14.7%、75.7% 到 2020 年调整为 20.4%、20.8%、58.8%，国家自然科学奖、国家技术发明奖比例上升，奖励结构更合理；国家科学技术进步奖，从 2011 年的 283 项减少至 2020 年的 133 项，减少了 150 项，降幅达到 53.0%。

2011—2020 年共有 20 项物流成果获得国家科学技术奖（见表 2–16），其中 2020 年获得奖项最多为 5 项，“十二五”期间获得 7 项，“十三五”期间获得 13 项，获奖项目名称及获奖级别如表 2–17 所示。

表 2–16　2011—2020 年获国家科学技术奖的物流成果数量　单位：项

获奖情况	年份										总计
	2011	2012	2013	2014	2015	2016	2017	2018	2019	2020	
国家自然科学奖	1	0	0	0	0	0	0	0	0	0	1
国家技术发明奖	0	0	1	0	0	1	0	0	0	1	3
国家科学技术进步奖	2	0	2	0	1	1	0	3	3	4	16
总计	3	0	3	0	1	2	0	3	3	5	20

表 2–17　2011—2020 年获国家科学技术奖的物流成果项目

年份	项目名称	获奖级别
2020	物联网系统数据安全关键技术及应用	国家技术发明奖二等奖
	高速铁路用高强高导接触网导线关键技术及应用	国家科学技术进步奖二等奖
	道路与桥梁多源协同智能检测技术与装备开发	国家科学技术进步奖二等奖
	高速铁路Ⅲ型板式无砟轨道系统技术及应用	国家科学技术进步奖二等奖
2019	高效能异构并行调度关键技术及应用	国家科学技术进步奖二等奖
	中国民航数字化协同管制新技术及应用	国家科学技术进步奖二等奖
	复杂地形下长距离大运力带式输送系统关键技术	国家科学技术进步奖二等奖
2018	中国高精度位置网及其在交通领域的重大应用	国家科学技术进步奖一等奖
	大范围路网交通协同感知与联动控制关键技术及应用	国家科学技术进步奖二等奖
	基于共用架构的汽车智能驾驶辅助系统关键技术及产业化	国家科学技术进步奖二等奖
2016	国家内河高等级航道通航运行系统关键技术及应用	国家科学技术进步奖二等奖
	钢铁生产与物流调度关键技术及应用	国家技术发明奖二等奖
2015	中国交通建设集团科技创新工程	国家科学技术进步奖二等奖
2013	高性能无线射频识别（RFID）标签制造核心装备	国家技术发明奖二等奖
	离岸深水港建设关键技术与工程应用	国家科学技术进步奖一等奖
	城市交通智能路网的关键技术及应用	国家科学技术进步奖二等奖

续 表

年份	项目名称	获奖级别
2011	基于行为的城市交通流时空分布规律与数值计算	国家自然科学奖二等奖
	机械 20000t × 125m 多吊点桥式起重装备	国家科学技术进步奖二等奖
	烟大铁路轮渡系统集成技术及应用	国家科学技术进步奖二等奖

从表 2-17 可以看出，2011—2020 年获国家科学技术奖的物流类项目中，较多的为信息与通信技术在交通或物流系统领域的应用；物流成果研究由系统集成、基础设施建设、路网建设、无线射频识别技术，转向智能驾驶辅助系统、高效能异构并行调度，以及协同感知与联动控制技术、高精度位置技术、协同管制技术；随着信息与通信技术的迅猛发展，现代物流也逐步完善和进步，极大提高了物流的效率和服务质量。

“物联网系统数据安全关键技术及应用”项目由陕西省提名，该项目以西安电子科技大学马建峰、中国科学院信息工程研究所李凤华、华为技术有限公司郑志彬等为主要完成人，以物联网安全保障为目标，为我国重要信息系统提供安全保障，对智能制造、智慧城市、智能交通、智慧农业等国家重大行业发展具有重要的推动作用和潜在社会效益。

“高速铁路用高强高导接触网导线关键技术及应用”项目由天津中铁电气化设计研究院、中铁电气化局集团、京沪高速铁路股份有限公司、邢台鑫晖铜业特种线材有限公司等联合浙江大学共同完成。高强高导接触线是高速铁路核心技术，项目研发的铬锆铜接触线强度和电导率世界领先，在京沪高铁实现 486.1km/h 世界最高营运试验速度，为我国高铁发展 400km/h 接触网技术奠定了基础。运用在武广、京沪等 20 多条线路挂网，覆盖运营里程超过 12000km，实现我国高铁接触网导线的完全国产化，实现从依赖进口到自主技术世界领先水平的突破，同时带来显著社会经济效益。

“道路与桥梁多源协同智能检测技术与装备开发”项目历时 10 余年，长安大学、徐州徐工随车起重机有限公司、招商局重庆交通科研设计院有限公司、陕西高速公路工程试验检测有限公司、陕西省交通建设集团公司、西安长大公路工程检测中心 6 家单位联合攻关，3 项国家西部交通重点专项支持，对道路与桥梁检测关键共性技术难题进行了系统研究，开发了系列化的检测装备。项目组在桥梁变形测试新技术、桥梁应变测试新技术、桥梁体内 / 体外预应力测试新技术、桥梁外观测试新技术方面取得突破。

“高速铁路Ⅲ型板式无砟轨道系统技术及应用”项目由中国铁道科学研究院、中国铁路设计集团、中铁二院工程集团、中铁第四勘察设计院联合北京交通大学、西南交通大学等共同完成。项目组主要研究了高速铁路 CRTS Ⅲ型板式无砟轨道设计、制造、施工、养护维修等成套技术，构建了一套具有我国完全自主知识产权的高速铁路无砟轨道系统，总体技术经济指标优于现有的无砟轨道系统，其单元复合结构设计技术、建造技术达到国际领先水平。高速铁路 CRTS Ⅲ型板式无砟轨道系统技术将更好地指导我国高速铁路的工程建设，实现更大的经济效益和社会效益。

2.3.2 省部级奖励项目视角下的物流科研现状分析

2.3.2.1 各省 / 自治区 / 直辖市科学技术奖

各省 / 自治区 / 直辖市科技奖励评审和表彰工作，对焦重点研发领域、密切关注科技成果转化等核心关键问题，重点选拔和鼓励一批优秀的创新成果和个人，为推动创新驱动发展战略、促进区域产业转型升级作出积极贡献。

各省 / 自治区 / 直辖市科学技术奖授予在科学发现、技术发明和促进科学技术进步等方面作出创造性突出贡献的公民或者组织，并对同一项目被授奖的公民、组织按照贡献程度大小排序。一般包括自然科学奖、技术发明奖及科学技术进步奖，有些省 / 自治区 / 直辖市还有科技功臣奖和国际科技合作奖，例如上海市。本报告选取自然科学奖、技术发明奖及科学技术进步奖这 3 项，统计各省 / 自治区 / 直辖市科学技术奖数量。

近 3 年，各省 / 自治区 / 直辖市科学技术奖数量、物流类成果获奖数量及其占比情况如表 2–18 所示，初步统计，物流类成果获奖的比重逐渐增加。2020 年，各省 / 自治区 / 直辖市在科学技术奖数量方面，安徽省、浙江省、湖北省评奖数量较多，分别是 323 项、299 项和 298 项，青海省、海南省、西藏自治区较少，分别是 30 项、29 项和 21 项；在物流类成果获奖数量方面，江苏省数目最多（8 项），天津市紧随其后（7 项），上海市、北京市均为 5 项。

表 2–18　2018—2020 年各省 / 自治区 / 直辖市科学技术奖数量、物流类成果获奖数量及其占比情况

省 / 自治区 / 直辖市	2018 年			2019 年			2020 年		
	科学技术奖数量（项）	物流类成果获奖数量（项）	占比（%）	科学技术奖数量（项）	物流类成果获奖数量（项）	占比（%）	科学技术奖数量（项）	物流类成果获奖数量（项）	占比（%）
安徽	176	2	1.1	335	1	0.3	323	2	0.6
浙江	299	3	1.0	300	4	1.3	299	2	0.7
湖北	311	1	0.3	298	7	2.3	298	3	1.0
河南	331	0	0.0	292	3	1.0	292	2	0.7
黑龙江	281	0	0.0	285	0	0.0	278	2	0.7
吉林	281	0	0.0	280	2	0.7	276	1	0.4
湖南	220	2	0.9	280	3	1.1	250	2	0.8

续 表

省 / 自治区 / 直辖市	2018 年			2019 年			2020 年		
	科学技术奖数量（项）	物流类成果获奖数量（项）	占比（%）	科学技术奖数量（项）	物流类成果获奖数量（项）	占比（%）	科学技术奖数量（项）	物流类成果获奖数量（项）	占比（%）
上海	289	4	1.4	279	4	1.4	259	5	1.9
江苏	276	4	1.4	273	6	2.2	271	8	3.0
陕西	260	2	0.8	259	4	1.5	260	2	0.8
四川	287	0	0.0	243	3	1.2	263	3	1.1
山东	157	2	1.3	241	1	0.4	270	2	0.7
河北	266	1	0.4	232	0	0.0	255	0	0
辽宁	203	4	2.0	217	1	0.5	216	1	0.5
福建	195	1	0.5	200	4	2.0	164	2	1.2
天津	199	8	4.0	194	3	1.5	182	7	3.8
广东	171	3	1.8	173	1	0.6	176	2	1.1
广西	148	0	0.0	157	0	0.0	161	3	1.9
北京	212	5	2.4	155	2	1.3	151	5	3.3
云南	190	2	1.1	151	1	0.7	172	3	1.7
甘肃	150	0	0.0	149	0	0.0	151	1	0.6
江西	79	1	1.3	148	0	0.0	146	1	0.7
重庆	170	0	0.0	142	1	0.7	150	3	2
新疆	144	0	0.0	128	0	0.0	130	0	0
贵州	115	0	0.0	107	0	0.0	120	0	0
宁夏	69	0	0.0	67	0	0.0	85	0	0
青海	29	0	0.0	30	0	0.0	30	1	3.3
海南	36	0	0.0	29	0	0.0	29	0	0
西藏	21	0	0.0	20	0	0.0	21	0	0
山西	197	0	0.0	189	0	0.0			
内蒙古	111	0	0.0	121	0	0.0			
总计	5873	45	0.8	5974	51	0.9	5678	63	1.1

注：空白表示该省 / 自治区 / 直辖市科学技术奖或未评选，或未公示，或为非评奖年。本表统计范围不含港澳台地区，下同。

2020 年各省 / 自治区 / 直辖市科学技术奖物流类成果获奖数量 63 项，比 2019 年增加 23.5%，获奖成果及主要完成单位见表 2-19。

表 2-19　　2020 年各省 / 自治区 / 直辖市科学技术奖物流类成果获奖项目名单

序号	获奖成果	主要完成单位
1	长江船舶航行风险的形成机理、演化规律和智能预警方法	武汉理工大学
2	果蔬节能精准冷链保鲜技术研创及应用	天津科技大学、浙江大学、中华全国供销合作总社济南果品研究院、新疆红旗坡农业发展集团有限公司、天津捷盛东辉保鲜科技有限公司、浙江科技学院、天津绿新低温科技有限公司
3	车站智能监测识别系统的构建与应用	天津商业大学、天津光电高斯通信工程技术股份有限公司
4	高值果蔬贮运微环境保鲜关键技术与产品研发及应用	国家农产品保鲜工程技术研究中心（天津）、苏州市农业科学院、辽宁省果树科学研究所、西安永泰生物科技有限公司、陕西华圣企业（集团）股份有限公司
5	铁路三维空间智能选线技术研究及系统开发	中铁二院工程集团有限责任公司、中南大学
6	铁路列车运行图编制系统成套技术及应用	西南交通大学、中国铁路成都局集团有限公司
7	铁路车务安全生产调度指挥平台关键技术及应用	东北大学、沈阳风驰软件股份有限公司、沈阳铁道科学技术研究所有限公司
8	智能网联汽车仿真测试评价关键技术研究及应用	中国汽车技术研究中心有限公司、中汽数据（天津）有限公司
9	以行车指挥为核心的轨道交通综合自动化系统	天津凯发电气股份有限公司
10	基于地空 / 车路协同的道路交通监控关键技术及应用	天津职业技术师范大学、交通运输部公路科学研究所、天津中德应用技术大学、北京千方科技股份有限公司、天津易华录信息技术有限公司
11	高速铁路建设智能仿真技术研究	中国铁路设计集团有限公司
12	智慧口岸智能通关系统关键技术与应用	深圳中集智能科技有限公司、深圳中集科技有限公司、清华大学深圳国际研究生院、深圳大学
13	智慧口岸查验防控系统关键技术研发及产业化	盛视科技股份有限公司
14	城市消防物联网远程监控管理系统构建与应用	广西安讯科技股份有限公司
15	面向业务驱动的多网融合车联网关键技术与应用	桂林电子科技大学、柳州五菱汽车工业有限公司、北京航空航天大学、桂林市国创朝阳信息科技有限公司
16	大数据驱动下的多方式公共交通协同优化关键技术研究及应用	北京工业大学、北京公共交通控股（集团）有限公司、北京市交通运行监测调度中心、北京市政交通一卡通有限公司

续 表

序号	获奖成果	主要完成单位
17	新一代军民通用高端轻型越野汽车研发及产业化	北京汽车集团越野车有限公司、北京汽车集团有限公司、中国人民解放军陆军装备部驻北京地区军事代表局
18	大型电商物流中心机器人及智能化调度系统研发与应用	北京京东乾石科技有限公司、清华大学、北京信息科技大学、北京京邦达贸易有限公司、北京京东世纪贸易有限公司、天津京东深拓机器人科技有限公司、北京京东振世信息技术有限公司
19	城市多模式交通网络运行态势计算与预测研究	北京航空航天大学、北京交通发展研究院、西南交通大学
20	无人飞行器鲁棒最优协同飞行控制方法及应用	北京航空航天大学、中国人民解放军火箭军工程大学
21	复杂山区穿越热带雨林国道升级改造成绿色高速公路关键技术	云南省交通投资建设集团有限公司、云南小磨高速公路改扩建工程建设指挥部、交通运输部公路科学研究院、中国科学院武汉岩土力学研究所、云南恒达生态环境建设有限公司、云南交投集团公路建设有限公司、北京公科固桥技术有限公司、云南省交通规划设计研究院有限公司
22	高效节能短流程汽车轮毂用高端新型铝合金关键技术及产业化	昆明冶金研究院有限公司、云南云铝涌鑫铝业有限公司、云南省科学技术院
23	电动汽车动力电池与整车智能控制方法研究	昆明理工大学、重庆大学
24	多维度交通运维可视化智能监测关键技术研究与系统应用	兰州交通大学、上海朗嘉交通环境技术有限公司、兰州博才科技有限公司、兰州宇信信息技术有限责任公司
25	智慧高速公路关键技术与实践	江西省高速公路投资集团有限责任公司、交通运输部公路科学研究所、交通运输部科学研究院、江西方兴科技有限公司、江西飞尚科技有限公司
26	基于物联网技术与北斗技术的桥梁安全监测关键技术	重庆建工市政交通工程有限责任公司、重庆恒佳工程技术咨询有限公司、重庆大学、重庆亚派桥梁工程质量检测有限公司、重庆文理学院
27	水运通航模型典型参量量测关键技术研发及应用	重庆交通大学、中国科学院重庆绿色智能技术研究院、重庆西科水运工程咨询中心、重庆大学
28	车用动力电池多尺度建模、估计与最优充电控制理论与方法	重庆大学、北京理工大学、清华大学
29	高寒高海拔山区复杂条件桥隧绿色建造与运营安全保障关键技术	青海省公路建设管理局、北京工业大学、中国公路工程咨询集团有限公司
30	现代超大型冷库建造关键技术与应用	中国华西企业股份有限公司、华商国际工程有限公司、成都银犁冷藏物流股份有限公司、重庆交通大学、北京银泰建构崇贤预应力技术服务股份有限公司
31	无人海洋航行器协同控制理论与方法	西北工业大学
32	大型水陆两栖飞机全机结构优化设计与强度评估技术	中国飞机强度研究所、南京航空航天大学
33	基于区块链和物联网感知的城市地下综合智慧管廊关键技术及其产业化应用	南京邮电大学、江苏安防科技有限公司

续 表

序号	获奖成果	主要完成单位
34	过饱和流量“云—端—控”智慧高速关键技术与应用	江苏宁沪高速公路股份有限公司、江苏中路工程技术研究院有限公司、东南大学、深圳市金溢科技股份有限公司、南京感动科技有限公司、江苏通行宝智慧交通科技股份有限公司、西安象德信息技术有限公司
35	面向冷链供应链的全流程多源数据感知互联集成系统	徐州工程学院、江苏省精创电气股份有限公司、江苏宗申车业有限公司
36	叉车高性能特种轴承关键技术研发及产业化	江苏万达特种轴承有限公司、南通大学
37	柔性智能输送装备关键技术研发及产业化应用	无锡顺达智能自动化工程股份有限公司、南京航空航天大学、常州机电职业技术学院、机械科学研究总院江苏分院有限公司、徐工消防安全装备有限公司
38	京杭运河智能协同高效通航关键技术研究及应用	京杭运河江苏省交通运输厅苏北航务管理处、华设设计集团股份有限公司、武汉理工大学、东南大学、南京思创信息技术有限公司
39	绿色智能型 2 万箱级集装箱船关键技术研发及应用	南通中远海运川崎船舶工程有限公司、江苏科技大学
40	全自动集装箱码头智能场桥装卸系统关键技术及成套装备	南通振华重型装备制造有限公司、南通大学、上海振华重工（集团）股份有限公司、上海振华重工电气有限公司
41	低束无人系统定位导航技术及应用	上海交通大学、上海高仙自动化科技发展有限公司、上海诺力智能科技有限公司、上海宝信软件股份有限公司、上汽通用五菱汽车股份有限公司、苏州青飞智能科技有限公司、中国船舶重工集团公司第七一六研究所、泛亚汽车技术中心有限公司
42	多模交通融合的有轨电车智能控制与安全防护核心技术与应用	卡斯同信号有限公司、同济大学、上海市城市建设设计研究总院（集团）有限公司
43	洋山四期超大型自动化集装箱码头关键技术研究与应用	上海国际港务（集团）股份有限公司、上海同盛投资（集团）有限公司、上海海勃物流软件有限公司、中交第三航务工程勘察设计院有限公司、上海振华重工（集团）股份有限公司、上海国际港务（集团）股份有限公司尚东集装箱码头分公司、复旦大学、华东师范大学、上海交通大学、同济大学、上海科学院
44	2.2 万吨级超宽浅吃水双桨油船	中国船舶工业集团公司第七〇八研究所、大连中远海运重工有限公司
45	船舶 AIS 智能应用与航行安全保障关键技术	上海海事大学、上海埃威航空电子有限公司、深圳市海能达通信有限公司、上海迈利船舶科技有限公司
46	虚拟轨道智能快运系统关键技术及应用	中车株洲电力机车研究所有限公司、株洲中车时代电气股份有限公司、湖南中车时代通信信号有限公司
47	大功率电力机车智能运维关键装备与软件的研制及应用	湖南工业大学、株洲壹星科技股份有限公司、中铁第四勘察设计院集团有限公司
48	车载网络及其信息安全关键技术与应用	吉林大学
49	船舶应急安全性分析及其应对技术	哈尔滨工程大学

续 表

序号	获奖成果	主要完成单位
50	自装卸式驮背运输车关键技术研究及装备研制	中车齐齐哈尔车辆有限公司
51	高效移动冷链运输装备关键技术及应用	中原工学院、上海海事大学、松下冷机系统（大连）有限公司、河南泉舜节能服务有限公司
52	绿色低温储粮装备的关键技术集成创新与应用示范	河南工业大学、河南金明自动化设备有限公司
53	基于智能仓配一体化技术的智能物流关键设备及系统	浙江国自机器人技术股份有限公司
54	跨境电子商务统计体系建设与量化评估技术及应用	浙江工商大学
55	智慧交通立体化综合防控管理平台	安徽百诚慧通科技有限公司
56	智能车身域控制器平台化开发及应用	合肥晟泰克汽车电子股份有限公司
57	农产品冷链物流全程可视化管理系统研发与产业化示范	临沂大学、希杰荣庆物流供应链有限公司、济南大学
58	高效智能全环境模拟道路加速加载实验系统研发	山东交通学院
59	三峡升船机通航运行与保障系统关键技术研究及实践	长江三峡通航管理局、水利部交通运输部国家能源局南京水利科学研究院、中国长江三峡集团有限公司流域枢纽运行管理中心、中国船舶重工集团武汉船舶工业有限公司、武汉理工大学、中国船舶重工集团公司第七〇九研究所、大连海事大学
60	高等级航道智能监测与服务关键技术及应用	武汉理工大学、长江航道测量中心、武汉大学、闽江学院、长江水利委员会水文局、福建吉星智能科技股份有限公司、武汉德尔达科技有限公司
61	汽车供应链体系质量风险定向监测与准确预警技术的开发与应用	上汽通用五菱汽车股份有限公司
62	基于多源数据融合的智能交通大数据管理平台关键技术研究	华侨大学
63	无人驾驶车辆智能通信技术及产业化	福建师范大学

1. 获奖项目大部分是应用研究与产业化项目

2020年获奖项目多数涉及物流技术应用研究与产业化，主要是围绕当地物流业发展中急需解决的关键、共性技术，以及重点、难点问题，组织科技攻关取得的成果，强调创新性、实用性和前瞻性，具有明显的经济效益和社会效益，显示了科学技术在促进物流业发展中的支撑和引领作用。

2. 物流类高等学校、科研院所占主体地位

物流类高等学校、科研院所的科学研究水平较高，其研究成果整体上达到国内先进水平。2020年，物流类高等学校、科研院所参与完成物流类成果 49 项，占物流类成果获奖项目总数的 77.8%。

3. 企业创新主体地位凸显，产学研协同创新成果占比高

63 项物流类成果获奖项目中，企业参与的获奖成果有 50 项，占比 79.4%，表明各省 / 自治区 / 直辖市通过政策引导与推动、项目扶持等方式，引导创新资源向物流企业聚集，促进物流企业加强自主创新，企业创新能力持续增强，已逐步成为技术创新的主体。此外，63 项物流类成果获奖项目中，企业、高等学校、科研院所产学研协同创新项目有 5 项，约占 7.9%。由此可见，获奖成果立足行业和企业发展实际，把握发展趋势和要求，紧扣我国物流行业、企业发展的突出矛盾和关键问题，践行“产学研相结合”方针。产学研结合是物流企业与科研院所和高等学校共同实现社会效益和经济利益的重要途径。通过这种结合，物流企业可加速技术创新的步伐，建立物流技术差异化竞争优势，高等学校和科研院所也可加速科技优势向产业优势的转化。

2.3.2.2 教育部高等学校科学研究优秀成果奖（科学技术）

高等学校科学研究优秀成果奖（科学技术）分设自然科学奖、技术发明奖、科学技术进步奖、科学技术进步奖（推广类）和专利奖，每年评审一次。自然科学奖为在自然科学基础研究和应用基础研究领域内取得的发现、阐明自然现象、特性和规律的科学研究成果；技术发明奖为利用自然规律首创的科学技术成果；科学技术进步奖为自然科学应用技术方面的研究成果；专利奖为专利技术实施后取得显著效益的科学技术成果。2011—2020 年教育部高等学校科学研究优秀成果奖（科学技术）数量基本保持平稳（见表 2–20）。其中，物流类成果一共 10 项获奖（见表 2–21）。

表 2–20　2011—2020 年教育部高等学校科学研究优秀成果奖（科学技术）数量　单位：项

获奖情况	年份										总计
	2011	2012	2013	2014	2015	2016	2017	2018	2019	2020	
全部授奖项目	285	293	315	294	293	302	319	305	305	289	3000
自然科学奖	101	99	123	129	117	114	130	132	120	135	1200
技术发明奖	28	49	59	43	45	61	37	47	49	40	458
科学技术进步奖	148	140	124	117	123	117	144	121	136	114	1284
科学技术进步奖（推广类）	7	5	8	3	7	9	8	5	0	0	52
专利奖	1	0	1	2	1	1	0	0	0	0	6
获奖物流类成果	0	1	0	1	2	1	1	2	1	1	10

表 2-21　2011—2020 年教育部高等学校科学研究优秀成果奖（科学技术）物流类获奖项目

证书编号	奖种名称	等级	项目名称	主要完成单位
2020[①]	科学技术进步奖	2	端管云一体化协同认知的工业物联网态势安全关键技术及应用	天津大学、北京交通大学等 7 家单位
2019-195	科学技术进步奖	1	特色果蔬精准物流保鲜关键技术研究与应用	浙江大学、宁波大学、天津科技大学、天津捷盛东辉保鲜科技有限公司、国家农产品保鲜工程技术研究中心（天津）、宁波王龙科技股份有限公司
2018-010	自然科学奖	1	大城市复杂交通流特性分析及管控策略研究	北京交通大学
2018-073	自然科学奖	2	复杂环境下交通系统运行可靠性与网络演化研究	大连理工大学、大连海事大学、中国矿业大学、南京大学、北京交通大学
2017-209	科学技术进步奖	1	多传感器信息融合的智能集装箱物流安全监控关键技术及系统	广东工业大学、中国国际海运集装箱（集团）股份有限公司、深圳中集智能科技有限公司
2016-039	自然科学奖	1	基于供应链创新的决策问题研究	中国科学技术大学
2015-278	科学技术进步奖	2	电子商务数据处理平台关键技术研究及应用	南京财经大学、南京大学、焦点科技股份有限公司、江苏苏宁易购电子商务有限公司
2015-192	科学技术进步奖	1	内河交通运行状态监控与服务关键技术研究及应用	武汉理工大学、长江航道局、长江三峡通航管理局、中国交通通信信息中心、江苏省交通规划设计院股份有限公司、交通运输部水运科学研究所、武汉中原电子集团有限公司、长江海事局信息中心、武汉因博信息技术有限公司
2014-134	技术发明奖	1	钢铁生产与物流调度关键技术及应用	东北大学
2012-228	科学技术进步奖	2	基于 SaaS 模式的物流软件服务平台研究与应用	东南大学、武汉理工大学、南京丁家庄物流中心有限责任公司、南京医药股份有限公司

由表 2-21 可以得到以下两个结论。

（1）高等学校物流领域研究成果在科学上取得突破性进展，科研成效显著。10 项物流类获奖成果中，6 项获得一等奖的荣誉。获奖成果具有现实性、针对性和较强的决策参考价值，着力推出体现行业水准的研究成果。这表明目前高等学校物流领域科研成效显著，科研管理水平进步明显；物流研究位于国内同类研究领先水平，并为学术界所公认和广泛引用。

（2）获奖成果体现研以致用。10 项物流类获奖成果中，5 项由高等学校与物流企业合作完成，获奖成果强调实用性，对物流实践发展具有参考或指导价值，或对我国现代物流理论发展、学科体系和政策法规体系建设具有促进作用。

① 2020 年的相关信息根据公开平台不完全统计。

2020年“端管云一体化协同认知的工业物联网态势安全关键技术及应用”项目获得科学技术进步奖二等奖。该项目重点关注工业物联网态势安全存在的终端数据可信保障能力薄弱、端管云态势感知协同能力不足、安全分析及时性差、智能化程度低、态势安全数据缺乏多级安全保护和云审计机制等问题，历经近10年的研发，从基础理论与方法、关键技术、大规模示范应用3个方面建立了端管云一体化协同认知的整体态势安全能力体系，在方法技术、平台应用等多个层面取得一系列有代表性的研究成果。

2019年的科学技术进步奖一等奖项目是“特色果蔬精准物流保鲜关键技术研究与应用”，已授权专利36件，其中美国发明专利3件、中国发明专利24件、实用新型专利9件；发表论文106篇（其中SCIE收录论文47篇）；研究生论文32篇。在浙江、山东、北京、天津、河北、宁夏、辽宁、四川、新疆9个省（直辖市、自治区）推广应用，取得显著的社会效益和经济效益，显示出巨大的应用潜力和广阔的推广前景。

2017年的“多传感器信息融合的智能集装箱物流安全监控关键技术及系统”项目累积申请发明专利53项，其中授权32项，获软件著作权16项，发表SCIE论文20余篇，制定国家标准多项。

2015年的“内河交通运行状态监控与服务关键技术研究及应用”成果制定了3项国家行业标准，获得授权发明专利9项、公开17项，获得软件著作权53项，发表高水平论文140余篇，成果已在8项内河交通运行监控与服务信息化工程中实施，已广泛应用于航运、通航、航道、海事等部门和单位，取得重大的经济效益和社会效益。

2.3.2.3 教育部高等学校科学研究优秀成果奖（人文社会科学）

1995年，教育部设立中国高校人文社会科学研究优秀成果奖。2008年，经国务院批准，更名为“高等学校科学研究优秀成果奖（人文社会科学）”。该奖项每3年评选一次，迄今已成功评选了8届，共有5753项优秀成果获奖。由于组织严密、程序公正，具有较高的公信力和较大的影响力，高校普遍将其视为哲学社会科学领域的最高奖项。

奖项分著作、论文和研究咨询报告3类，按一级学科设立一等奖、二等奖、三等奖，根据需要设立特等奖或荣誉奖。高等学校文科系统是中国社会科学研究的主体力量，获奖的优秀成果反映了中国高教文科系统社会科学研究的水平。

2008—2020年共评选了3届教育部高等学校科学研究优秀成果奖（人文社会科学）。从表2–22可以看出，获奖成果数量逐届增加，第八届比第七届增加69.5%，其中物流类成果数量相当。2020年12月，教育部公布第八届高等学校科学研究优秀成果奖（人文社会科学），获奖成果总计1539项。

表 2-22　　2008—2020 年教育部高等学校科学研究优秀成果奖（人文社会科学）获奖情况　单位：项

	第六届	第七届	第八届	合计
获奖成果	830	908	1539	3277
一等奖	45	50	162	257
二等奖	250	251	830	1331
三等奖	518	596	326	1440
普及奖	17	11	20	48
青年成果奖	0	0	201	201
物流类成果	8	9	8	25

注：撰写本报告时，第八届相关成果为最新研究成果。

2008—2020 年评选的获奖项目中，共有 25 项物流类成果获得教育部高等学校科学研究优秀成果奖（人文社会科学），其中 10 项著作奖、15 项论文奖。由表 2-23 可知，获奖成果主要从经济学、管理学以及交叉学科的视角关注以供应链管理为基础的现代物流理论发展，探讨适合我国和本地区物流产业、企业物流及其现代物流系统形成与演化过程中的内在机制及影响因素。

表 2-23　　2008—2020 年教育部高等学校科学研究优秀成果奖（人文社会科学）物流类成果

序号	项目名称	获奖类别	时间
1	Impact of RFID technology on supply chain decisions with inventory inaccuracies	管理学（论文奖）	第八届（2014—2016 年）
2	Analysis of the bullwhip effect in two parallel supply chains with interacting price-sensitive demands		
3	Service channel choice for supply chain: Who is better off by undertaking the service?		
4	Supply chain optimization in transformation and upgrading of enterprises: Theories and methodology	管理学（著作奖）	
5	Contract analysis and design for supply chains with stochastic demand		
6	集装箱港口运作管理优化问题研究		
7	中国鲜活农产品流通体系演化研究	经济学（著作奖）	
8	农村公共产品供给问题论：基于新供给经济学的效率问题再认识	交叉学科（著作奖）	
9	综合交通运输体系研究——认知与建构	经济学（著作奖）	第七届（2011—2013 年）
10	供应链企业间知识共享的市场机制	管理学（著作奖）	

续 表

序号	项目名称	获奖类别	时间
11	Risk management of supply and cash flows in supply chains	管理学（著作奖）	第七届（2011—2013 年）
12	Modeling intermodal equilibrium for bimodal transportation system design problems in a linear monocentric city	经济学（论文奖）	
13	The effectiveness of online shopping characteristics and well-designed websites on satisfaction	管理学（论文奖）	
14	A decision method for supplier selection in multi-service outsourcing		
15	Operational causes of bankruptcy propagation in supply chain		
16	Double marginalization and coordination in the supply chain with uncertain supply		
17	A multi-objective optimization for green supply chain network design		
18	中国农产品现代物流发展研究——战略・模式・机制	管理学（著作奖）	第六届（2008—2010 年）
19	物流网络：物流资源的整合与共享		
20	Price competition，cost and demand disruptions and coordination of a supply chain with one manufacturer and two competing retailers	管理学（论文奖）	
21	Supply-chain coordination under an inventory-level-dependent demand rate		
22	Optimal component acquisition for a single-product，single-demand assemble-to-order problem with expediting		
23	The impact of information technology on the financial performance of third-party logistics firms in China		
24	Coordination of supply chains by option contracts: A cooperative game theory approach		
25	Mean-variance analysis of supply chains under wholesale pricing and profit sharing schemes		

2.3.3 社会力量奖励项目视角下的物流科研现状分析

2002 年经国家科技部批准，中国物流与采购联合会成功申请“中国物流与采购联合会科学技术奖”，目的在于大力推动物流科技创新，使中国现代物流走上科技主导、运行高效、人力资源优势得到充分发挥的科学发展道路。该奖项是国家科技部授权，由中国物流与采购联合会负责主办的面向全国物流行业开展的科技奖励，也是国内物流行业申报国家科技进步奖的主渠道。

该奖项目前设有“中国物流与采购联合会科学技术进步奖”和“中国物流与采购联合会科学技术发明奖”两个奖项，每年评选一次，主要奖励在全国物流与采购以及生产资料流通领域中的技术发明成果、科技进步的应用开发成果、实现科技成果转化的推广应用成果、软科学研究成果、标准化工作研究成果、著作教材以及科普类作品。

2003—2020 年，“中国物流与采购联合会科学技术奖”获奖项目数量稳步增长，在 1829 项科学技术奖中，有科学技术进步奖 1796 项、科学技术发明奖 33 项。在奖项不断增加、质量不断提高的情况下，相应的奖项设置也应该有所革新，通过科学技术奖的设立在物流领域建立物流科技理念，实现物流领域各环节、各方面的联动与创新，推动物流科技在全行业的广泛应用。从图 2-17 可以看出，近十年来，获奖项目数量基本呈现持续增长趋势，2014 年、2016 年、2018 年以及 2020 年是 4 个小高峰，获奖项目数量上升迅猛，分别与《物流业发展中长期规划（2014—2020 年）》《商务部关于促进商贸物流发展的实施意见》《全国电子商务物流发展专项规划（2016—2020 年）》《国家发展改革委关于印发〈“互联网 +”高效物流实施意见〉的通知》《交通运输部办公厅关于推进改革试点加快无车承运物流创新发展的意见》《交通运输部关于推进供给侧结构性改革 促进物流业“降本增效”的若干意见》《国务院办公厅关于转发国家发展改革委物流业降本增效专项行动方案（2016—2018 年）的通知》《交通运输部办公厅关于进一步加强农村物流网络节点体系建设的通知》《商务部等 5 部门关于印发〈商贸物流发展“十三五”规划〉的通知》《国家发展改革委 国家粮食局关于印发〈粮食物流业“十三五”发展规划〉的通知》《国务院办公厅关于推进电子商务与快递物流协同发展的意见》《商务部等 5 部门印发关于继续推进城乡高效配送专项行动有关工作的通知》《民航局关于促进航空物流业发展的指导意见》《国家物流枢纽布局和建设规划》《网络平台道路货物运输经营管理暂行办法》等政策密集出台有关。

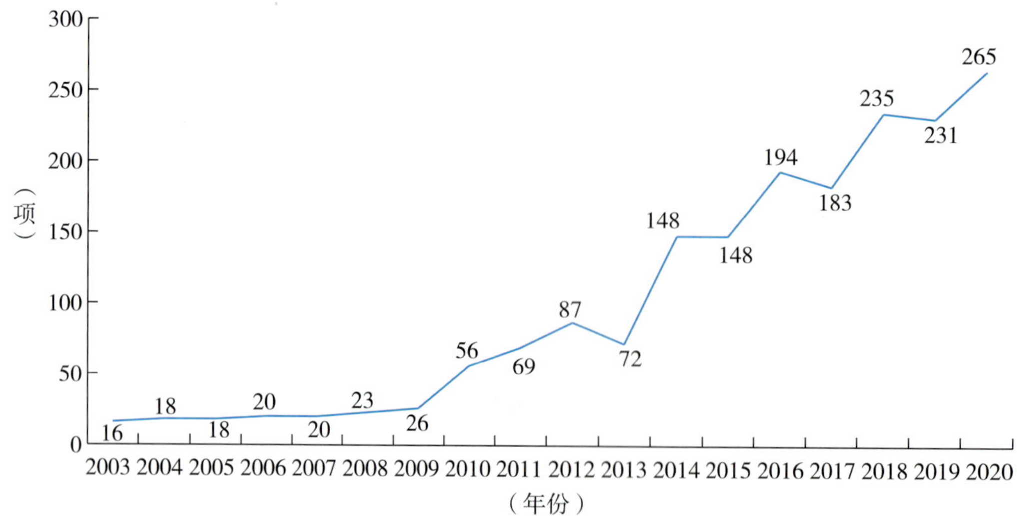

图 2-17 2003—2020 年中国物流与采购联合会科学技术奖获奖项目数量

随着国务院部署推进“互联网 + 高效物流”战略，以现代信息技术为标志的智慧物流成为物流业供给侧结构性改革的先行军，以电商物流为排头兵，物流行业催生出各种新的商业模式和业态。

同时在科技创新助推下，传统物流如何借助新思维、新技术、新装备推进“互联网 +”物流模式创新，推动各种物流方式的新旧业态加快融合，增加优质服务供给成为焦点。

2020 年，经网评和会评共评出中国物流与采购联合会科学技术奖 265 项，较 2019 年上升 14.7%。其中，科学技术进步奖一等奖 37 项、二等奖 94 项、三等奖 130 项；科学技术发明奖二等奖 2 项、三等奖 2 项。获奖项目围绕整个物流行业科技发展、智慧发展，聚焦物流行业发展存在的问题，优化行业生态，降本增效提升物流综合服务能力，支持发展第三方物流，推进物流车辆、设施器具等标准化、信息化和智能化发展，推动物流行业新模式、新业态发展，实现跨部门、跨企业的物流管理、作业与服务信息的共享，提高全链条运行效率。

科学技术引领现代物流快速发展，物流科技的核心内容就是互联网技术，主要体现在自动化、智能化和数字化。2020 年的 265 项获奖成果中，118 项成果涉及物流自动化、智能化和数字化，占总获奖数量的 44.5%。通过智慧化提高物流效率和物流运行的质量，把握物流科技发展新态势，确立物流科技创新的新蓝图，才能真正从物流大国变成物流强国。

借助互联网平台实时、高效、精准的优势，“互联网 + 高效运输”通过搭建互联网平台，实现货运供需信息的在线对接和实时共享；“互联网 + 智能仓储”完成仓储信息的集成、挖掘、跟踪与共享；“互联网 + 便捷配送”搭建城市配送运力池，开展共同配送、集中配送、智能配送等先进模式，有效解决“最后一公里”的痛点；“互联网 + 智慧物流”实现全程透视化；“互联网 + 供应链一体化”通过数据协同实现更大范围的供应链协同。2020 年的获奖成果聚焦仓储、运输和配送领域的创新技术、创新产品、系统集成及解决方案，共计 95 项，占总获奖数量的 35.8% ；基于大数据、云平台、物联网物流解决方案为 41 项，占总获奖项目的 15.5%。由此可见，新技术及热门前沿技术更多地应用于物流领域，通过物联网、大数据、人工智能等信息技术，实现物流各个环节内的系统感知、全面分析及处理等功能，进而实现物流效率的提升。

2.4 物流领域科学研究发展趋势分析

当今世界经济发展迅速，已经由传统的要素驱动变成创新驱动，世界各国每年投入大量研发经费推动科技创新与进步。而了解物流领域的研究前沿和发展趋势，有助于明确物流发展的新兴领域和前沿态势，提早进行物流领域科学研究战略布局。本节在前文分析的基础上，从基金、文献、科研成果获奖三个方面进行挖掘，并结合“十四五”规划和 2035 年远景目标，试图揭示和分析物流领域的研究热点和发展趋势，以期为我国物流研究提供参考。

1.“数”“智”物流将长期成为物流学术研究主旋律

人工智能、大数据、区块链、云计算、网络安全等战略性新兴产业代表着全球新一轮科技革命和产业变革的方向，因此，以互联网、大数据、云计算、物联网、人工智能等技术应用为依托，加强传统物流企业数字化转型、智能化升级、网络化发展成为物流产业发展的新蓝海。与之相对应，物流业的数字化转型、智慧物流发展将长期成为物流学术研究的主旋律。

从本章分析的基金项目、论文和获奖项目来看，物流与大数据、智能技术等融合的相关研究都位居核心地位，数量保持不断上升的趋势。SCIE 和 SSCI 论文中，2016—2020 年，随着物流科技领域外文论文数量的快速增加，关键词的频次也有了较大幅度增加，物联网（Internet of Things）、工业 4.0（Industry 4.0）有较多的研究成果，说明物流智能化发展趋势势不可当。而近三年，工业 4.0（Industry 4.0）、区块链（Blockchain）、增材制造（Additive Manufacturing）、机器学习（Machine Learning）、智慧工厂（Smart Factory）、大数据（Big Data）、信息物理融合系统（Cyber-Physical Systems）、产业物联网（Industrial Internet of Things）等关键词的不断涌现，反映了外文文献中新技术在物流业的应用研究。与外文论文的研究主题类似，中文文献中大数据、遗传算法、定价策略等也都是近三年的研究热点。

2. 新冠肺炎疫情带来的物流问题短期内仍将热度不减

新冠肺炎疫情背景下，2020 年 NSF 对新型冠状病毒研究计划予以较大程度支持，从 NSF 支持基金关键词主题网络和时间叠加示意图可以明显发现新冠肺炎疫情已有显示度。从我国三大基金视角看，新冠肺炎疫情对冷链物流、应急物流的严峻考验，智能技术在物流领域的加速应用，中小物流企业供应链断裂风险等问题已经成为学者关注的焦点。在近几年 CNKI 物流文献范围内，新冠肺炎疫情也是进入频次 Top 20 的主题词，2020 年，学者对新冠肺炎疫情背景下的“一带一路”贸易、中小企业、全球供应链、粮食安全、医疗物资运输等方面开展了较多研究。

世界卫生组织认为，新冠肺炎疫情构成“国际关注的突发公共卫生事件”，预计疫情持续时间较长，需要有长期应对措施。新冠肺炎疫情肆虐，对各行各业都造成一定的影响，物流行业也不例外。国外新冠肺炎疫情蔓延，使得疫情给物流带来的影响从国内更多转向国际贸易及物流。外贸和物流企业如何在突如其来的新冠肺炎疫情和后疫情时代找出行之有效的破解之道、全球疫苗冷链物流需求快速释放，诸如此类的问题不断出现，学术界由此产生的研究和讨论将在短期内保持活跃。

3. 绿色物流、可持续供应链的研究主要围绕“碳税”“碳中和”等展开

可持续供应链和绿色物流一直是物流领域学术研究的热点，2016—2020 年，国家自然科学基金以绿色物流为研究对象的物流项目数量为 67 项。2011—2015 年，在 SCIE 和 SSCI 收录的物流文献范围内，可持续性（Sustainability）、闭环供应链（Closed-Loop Supply Chain）、绿色供应链管理

（Green Supply Chain Management）受到学者的关注，研究成果的数量不断增加。再聚焦近三年，碳税（Carbon Tax）、碳排放（Carbon Emission）、碳足迹（Carbon Footprint）已经凸显出来。在 CNKI 收录的物流文献范围内，绿色供应链、碳税、碳减排、绿色度也是近三年的研究热点。

气候变化与可持续发展问题已经成为全球社会经济发展的重要议题。人类社会实现可持续发展，呼唤低碳经济。根据世界银行的统计分析，截至 2020 年，全球共有 61 项已实施或者正在规划中的碳定价机制，包括 31 个碳排放交易体系和 30 个碳税计划。为应对气候变化，我国提出“二氧化碳排放力争于 2030 年前达到峰值，努力争取 2060 年前实现碳中和”等目标承诺。“做好碳达峰、碳中和工作”被列为 2021 年重点任务之一；“十四五”规划也将加快推动绿色低碳发展列入其中。由此可见，国内外物流学术研究中未来围绕“碳税”和“碳交易”环境下的物流问题和“碳中和”“碳达峰”目标下的物流发展问题研究必将越来越多。

4. 国内国外双循环经济格局下的物流体系建设将成为我国物流研究热点

物流支撑产业链、衔接供应链、实现价值链，是承载国民经济循环的重要载体。“十四五”时期，国家规划提出构建双循环新格局与大物流体系。与传统国际循环格局“外需为主、以外带内”的运行逻辑不同，新发展格局是在实现大国内部循环的基础上，提供巨大国内市场和供给能力，支撑并带动外循环。根据 2018—2020 年 CNKI 物流科技领域中文论文的研究主题分布来看，双循环相关研究主题也在近三年成为学者竞相关注的焦点。窥一斑而知全豹，国内国外双循环经济格局下的物流体系建设将成为我国物流学术界讨论的热点之一。

5. 农产品物流相关研究对我国物流产业发展意义重大

2011—2020 年的中国物流学会、中国物流与采购联合会研究课题中，以农产品物流为代表的专项物流课题最多，“十三五”期间共有 39 项涉及农村电商物流体系建设，农产品物流模式优化，农产品配送、选址、供应链订货、定价和库存策略等。2017—2019 年的国家基金物流项目中生鲜也是高频主题词。自 2006 年以来，CNKI 数据库物流科技领域文献中，农产品、生鲜农产品、农产品物流一直是高频主题词。省部级奖励项目中，高值果蔬贮运微环境保鲜关键技术、农产品冷链物流全程可视化、特色果蔬精准物流保鲜关键技术、鲜活农产品流通体系、农产品现代物流发展等相关研究都有出现。

我国作为农业大国，农产品资源非常丰富，国家农产品贸易持续发展的核心力量是支持其高效流通的物流体系。我国“十四五”规划中提到要全面实施乡村振兴战略，加快农业农村现代化；健全县乡村三级物流配送体系；加强邮政设施建设，实施快递“进村进厂出海”工程都具有重要地位。发展现代物流，维护国际农产品供应链稳定，对进一步降低农产品流通成本、提高农产品流通效率、增加农民收入、加速粮食核心区农业发展、保障国家粮食安全意义重大。

6. 供应链金融创新发展研究的重要性与日俱增

纵观近十年 NSF 项目资助情况，小企业第一阶段计划、小企业第二阶段计划、创新企业计划、小型企业技术转让第一阶段计划等对物流企业的关注热度一直未减，其中，非常重要的一个板块便是与供应链金融创新的结合。我国的自然科学基金及中国物流学会、中国物流与采购联合会研究课题中，供应链金融与风险防控相关内容的出现频次也有所增加。近三年 CNKI 文献中，供应链融资、供应链金融等方面的文献增加，反映了中国商业模式不断创新下的物流发展需求。

再联系我国“十四五”规划，要聚焦提高要素配置效率，推动供应链金融、信息数据、人力资源等服务创新发展。目前中小企业融资难的问题依然突出，加速供应链金融创新是应对新冠肺炎疫情冲击的可行突围路径和现实选择。因此，供应链金融创新研究特别是以中小企业为主体的研究的重要性将与日俱增。

3 物流信息管理行业专利发展态势

物流信息是物流系统的中枢，物流信息系统能否准确、快速、高效处理信息是构建现代物流系统的关键。本章基于国际专利分类号（IPC）定义的物流信息管理专利，通过分析近10年的专利信息，揭示技术研发趋势、技术创新领域以及技术发展策略方面的情报，旨在为中国政府及企业制定物流信息管理创新战略提供决策依据，以提升中国物流信息化建设，推进物流行业高质量发展。

3.1 物流信息管理行业整体专利态势分析

国际专利分类号中的G06Q10/08和G06Q50/28涉及物流信息处理系统及方法，具体释义见表3–1。基于德温特专利索引数据库（Derwent Innovations Index，DII），以G06Q10/08、G06Q50/28，以及优先权年2011—2020年为检索字段，得到有关物流信息管理相关技术的专利45475件（检索时间为2021年6月15日）。将这些专利数据的申请日、IPC、发明人、标题、专利权人等著录信息以统一格式导入专利分析工具德温特数据分析器（Derwent Data Analyzer，DDA）中，对专利权人、优先权国家等字段进行数据清洗、筛选和整理后，从专利申请量、专利申请人、专利布局、核心专利、技术领域等方面进行深入挖掘分析，全面掌握物流信息领域的专利现状和发展态势。

表3–1　物流信息管理领域IPC及其释义

分类号	释义
G	物理
G06	计算、推算、计数
G06Q	专门适用于行政、商业、金融、管理、监督或预测目的的数据处理系统或方法；其他类目不包含的专门适用于行政、商业、金融、管理、监督或预测目的的处理系统或方法
G06Q10/00	行政、管理
G06Q10/08	物流，如仓储、装货、配送或运输；存货或库存管理，如订货、采购或平衡订单〔2012.01〕
G06Q50/00	特别适用于特定商业行业的系统或方法，如公用事业或旅游
G06Q50/28	物流，如仓储、装货、配送或运输〔2012.01〕

3.1.1 专利申请趋势

专利数量是技术产出能力的重要衡量指标，其变化情况能够从整体上反映技术的发展趋势。图

3-1 为全球及中国物流信息管理领域专利申请量的发展趋势。近 10 年，物流信息管理技术相关专利持续较好的增长态势。这表明 21 世纪以来，随着计算机与通信技术的蓬勃发展，物流技术重要性更加凸显。越来越多的新技术得以在物流管理中应用，包括高质量的通信技术、人工智能、大数据、云计算、物联网以及区块链等，以此提高效率和降低成本。在此背景下，全球物流信息管理技术相关专利数量快速增长，物流管理技术也随之成熟和完善。

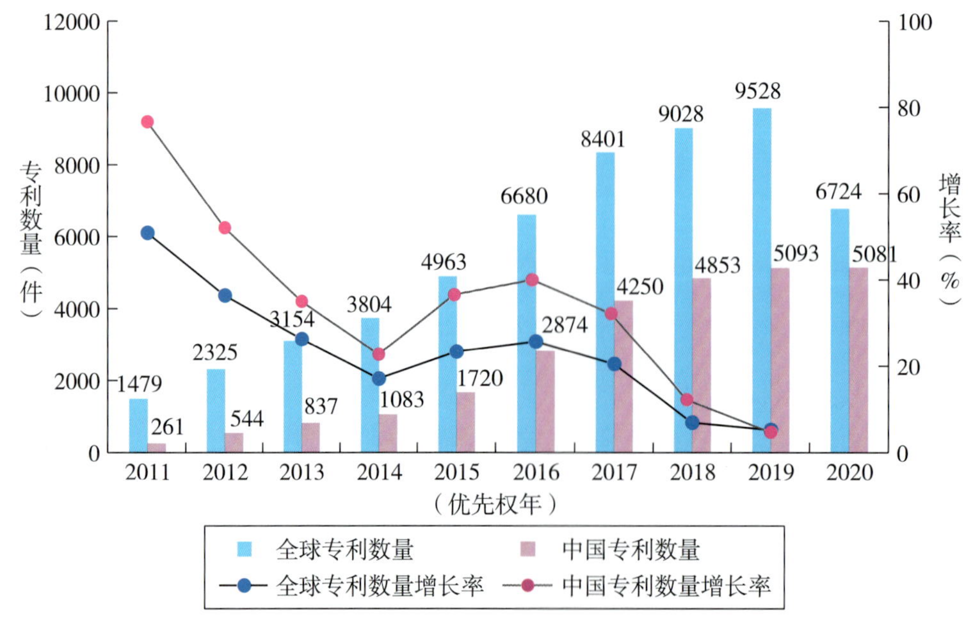

图 3-1　全球及中国物流信息管理领域专利申请量的发展趋势

注：专利从申请到公开一般需要 1~2 年时间，因此，2019 年之后的数据存在时滞，仅供参考。下同。

在中国经济市场繁荣发展过程中，中国物流行业迎来了良好的发展机遇，物流信息管理技术专利数量也表现出逐年增长态势，增长率显著高于全球整体增长水平，且占全球物流信息管理技术专利的份额逐年提高。2011—2020 年，中国社会物流总额从 158.4 万亿元稳步增至 300.1 万亿元。在强大的市场需求刺激下，中国物流信息管理技术相关专利申请数量快速增长，得益于物流管理技术的发展，我国现代物流体系逐步建立，社会物流总费用占国内生产总值（GDP）的比率从 2011 年的 17.8% 降至 2020 年的 14.7%，经济运行效率提高。

3.1.2　专利申请国家 / 地区

1. 技术来源国

专利优先权指专利申请人就其发明创造第一次在某国提出专利申请后，在法定期限内，又就相同主题的发明创造提出专利申请。根据有关法律规定，其在后申请以第一次专利申请的日期作为其申请日，专利申请人依法享有的这种权利，就是优先权。因此，专利优先权所属国的专利数量分布可以反映出此类专利在各申请人所属国的分布，从而间接反映出各国在该领域的技术原创力。

图 3-2 为 2011—2020 年全球物流信息管理技术相关专利的优先权所属国家 / 地区分布。中国是专利申请数量最多的国家，其专利申请数量远超其他国家 / 地区。美国、韩国、日本、加拿大和以德国、英国为代表的欧洲国家是专利优势国家。

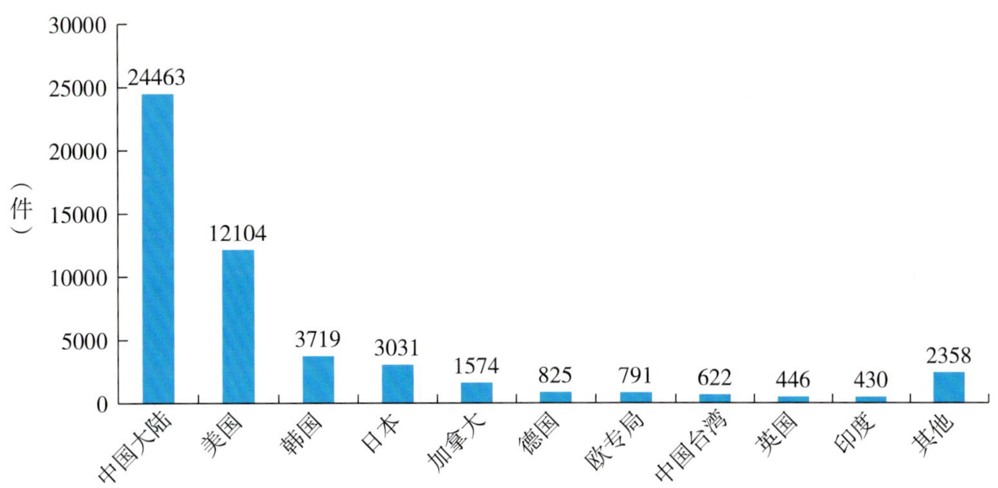

图 3-2　2011—2020 年全球物流信息管理技术相关专利的优先权所属国家 / 地区分布

图 3-3 为 2011—2020 年全球物流信息管理技术主要国家 / 地区的专利申请年度分布。在 2011 年，中国大陆专利申请数量低于美国，但通过快速增长于 2016 年超过美国，目前申请数量处于全

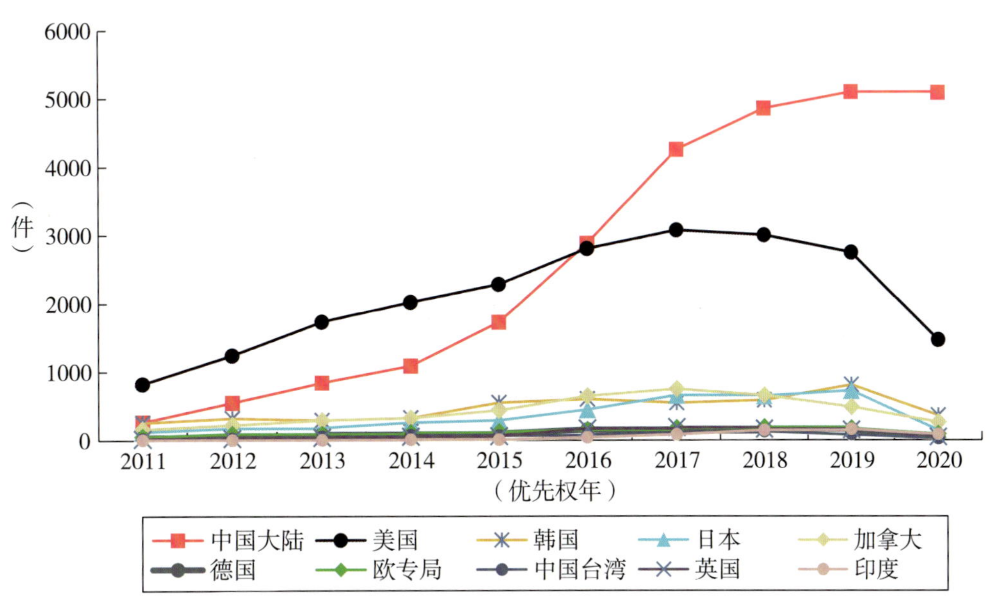

图 3-3　2011—2020 年全球物流信息管理技术主要国家 / 地区的专利申请年度分布

球首位。美国、日本、欧专局等发达国家 / 地区，是物流业开展较早的国家 / 地区，但专利增长速度相对缓慢。印度作为新兴市场之一，物流起步较晚，但近几年专利申请数量增长较快。

2. 技术市场国

除了对本国进行专利保护外，为了在国外生产、销售专利技术产品，必须在该地区申请相关专利以获得知识产权保护。专利部署地域在一定程度上反映了其潜在的目标市场。

图 3-4 为 2011—2020 年全球物流信息管理技术专利的同族国家 / 地区分布。主要涉及中国大陆、美国、韩国、日本、欧专局、加拿大、澳大利亚、印度和德国，其他国家 / 地区还包括中国台湾、英国、墨西哥、巴西、新加坡、法国等。将同族国家 / 地区与优先权国家 / 地区的情况进行对比，可知中国、美国、韩国、日本和欧专局不仅是物流信息管理技术专利的主要来源地，也是主要市场布局地。澳大利亚、印度、墨西哥、巴西等国家 / 地区的同族国家 / 地区专利数量排名较优先权国家 / 地区专利数量排名靠前，说明这些国家 / 地区是主要技术目标地，拥有良好的市场前景，促使专利权人布局，在这些区域抢占技术高地。

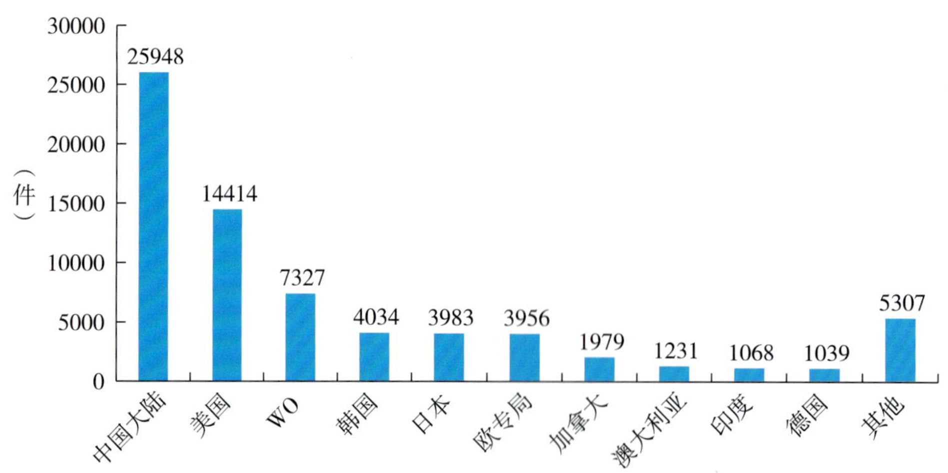

图 3-4　2011—2020 年全球物流信息管理技术专利的同族国家 / 地区分布

注：WO 为世界知识产权组织。

3. 主要国家 / 地区技术流向

表 3-2 为 2011—2020 年全球物流信息管理技术专利主要国家 / 地区间的流向。优先权为中国大陆的专利主要流向欧专局、美国和日本；优先权为美国的专利主要流向欧专局、加拿大和中国；优先权为韩国的专利主要流向美国、中国和欧专局；优先权为日本的专利主要流向美国、中国和欧专局；优先权为加拿大的专利主要流向美国、欧专局和中国；优先权为欧专局的专利主要流向美国、中国和日本。整体来看，中国尽管优先权专利数量与其他主要国家 / 地区相比占据极大优势，

但海外布局数量并未呈现相应的数量优势。这表明受专利质量、专利布局意识、市场战略等多方面的影响，中国大陆的专利权人在海外布局的专利数量占比较低。国家 / 地区布局的首选是中国大陆、美国和欧专局，这些国家 / 地区是物流信息管理技术的市场战略高地。

表 3-2　2011—2020 年全球物流信息管理技术相关专利的优先权所属主要国家 / 地区分布　单位：件

优先权国家 / 地区 \ 同族国家 / 地区	中国	美国	WO	韩国	日本	欧专局	加拿大	澳大利亚	印度	德国
中国大陆	24372	1463	2038	375	719	1074	413	385	328	138
美国	1511	11792	4094	470	836	2116	1640	780	453	207
韩国	445	555	674	3687	335	377	195	191	142	19
日本	698	1051	801	121	2891	358	52	49	85	67
加拿大	664	1472	1512	291	457	952	1552	567	300	37
德国	202	277	343	22	52	346	33	31	26	796
欧专局	283	493	503	79	148	709	137	105	84	12
中国台湾	87	87	6	4	17	15	5	3	1	6
英国	91	318	343	19	42	127	183	45	52	39
印度	46	155	137	14	25	63	21	18	378	3

3.1.3　专利申请人

1. 全球主要申请人

2011—2020 年全球物流信息管理技术的专利共计涉及 25750 个申请机构及个人，图 3-5 是全球 Top 20 申请机构的排名情况。其中：京东集团拥有的专利最多，为 950 件；沃尔玛以 926 件专利排名第 2；阿里巴巴集团以 732 件专利排名第 3；亚马逊排名第 4，为 621 件；IBM 公司以 436 件专利排名第 5。

Top 20 申请机构均来自主要专利权国，其中，美国 7 家、中国 6 家、日本 6 家、韩国 1 家。这些机构主要来自以下行业：①电子商务行业，包括京东集团、亚马逊、阿里巴巴集团、Coupang 公司、eBay 集团、美团（三快在线科技）等；②信息科技行业，如 IBM 公司、NEC 公司等；③物流快递行业，如 UPS、顺丰、联邦快递、美国邮政等；④制造行业，如日立集团、东芝集团、松下电器等；⑤零售行业，如沃尔玛。这表明上述行业的机构对物流信息管理技术的重视程度较高。

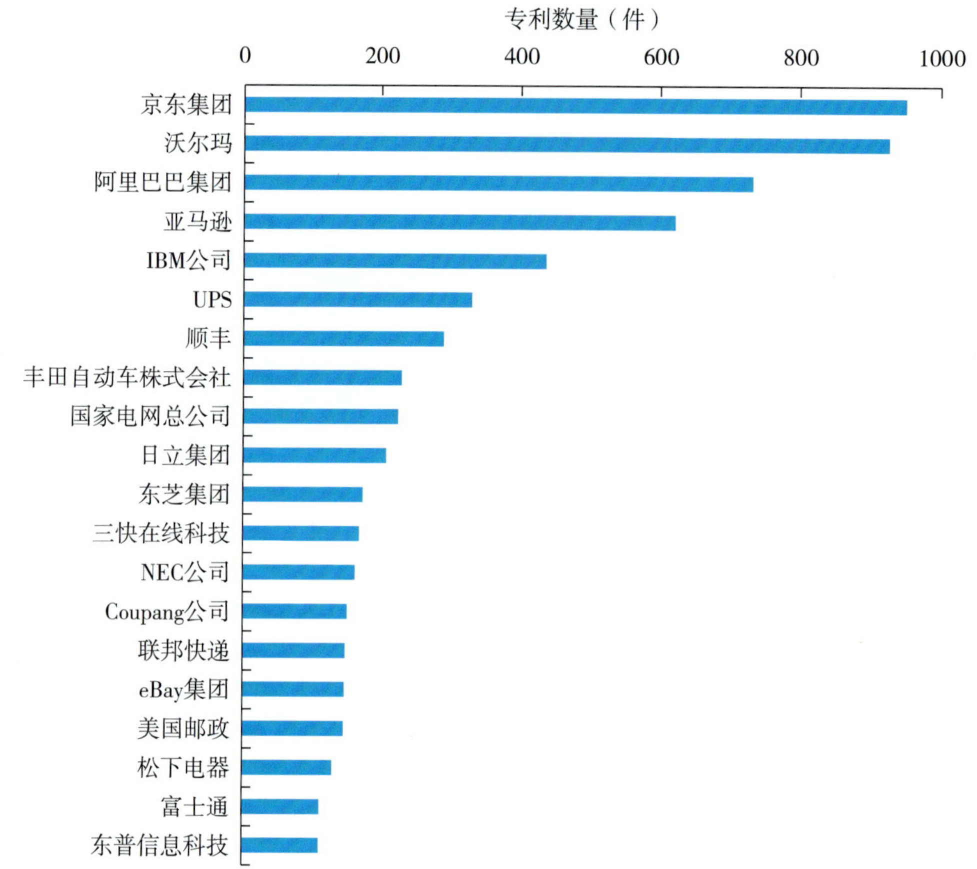

图 3-5　全球物流信息管理技术专利 Top 20 申请人

2. 国内外主要申请人对比分析

从专利申请量来看，物流信息管理技术领域的 Top 20 申请人中，我国专利权人上榜 6 位，表明我国的大型企业具备较强的市场竞争力。国内排名靠前的机构主要集中在电子商务、物流快递和信息科技领域。广东工业大学、浙江工业大学在国内申请人中排名靠前，表明我国部分高等学校也拥有较强的技术实力。

国外排名靠前机构（见表 3–3）中，沃尔玛、丰田自动车株式会社、Coupang 公司、福特等机构近 3 年专利占比较高，表明其近期研发活跃度高。国内排名靠前机构近期研发的活跃度明显高于国外（见表 3–4）。其中，东普信息科技、中通吉网络技术、每日优鲜电子商务、寻梦信息技术的专利全部集中在近 3 年。这表明，在中国经济快速发展的背景下，中国物流高速发展，在国内原有企业对物流信息管理技术加快研发的同时，也涌现很多初创公司。这些初创公司经过飞速发展，也取得一定的研发成果，并具有一定的市场占有量。

从专利研究团队规模来看，国外企业中，亚马逊拥有的发明人最多，达到 1141 人；其次是沃尔玛，拥有 921 人；IBM 公司排名第 3，为 875 人。国内企业中，国家电网总公司拥有的发明人最多，为 785 人；其次是阿里巴巴集团，为 644 人；京东集团排名第 3，为 560 人。整体来看，国外机构的技术研发实力强于国内机构。

表 3-3　　国外物流信息管理技术专利 Top 20 申请人竞争态势

序号	专利权人	所属国家	专利数量（件）	近 3 年专利占比	发明人数（个）	主要国家专利布局（件）					
						CN	US	KR	JP	EP	CA
1	沃尔玛	美国	926	71%	921	28	921	0	13	2	302
2	亚马逊	美国	621	21%	1141	63	621	6	62	73	24
3	IBM 公司	美国	436	33%	875	18	435	1	6	2	1
4	UPS	美国	330	35%	360	49	328	5	13	59	91
5	丰田自动车株式会社	日本	230	65%	416	185	197	18	220	24	0
6	日立集团	日本	208	38%	450	60	83	3	174	21	2
7	东芝集团	日本	174	42%	270	32	100	0	162	45	0
8	NEC 公司	日本	163	37%	318	24	90	1	143	18	0
9	Coupang 公司	韩国	152	82%	279	19	104	106	12	6	0
10	联邦快递	美国	149	36%	74	15	149	0	11	16	14
11	eBay 集团	美国	148	41%	273	22	148	22	5	15	17
12	美国邮政	美国	147	50%	188	14	147	1	5	19	14
13	松下电器	日本	131	60%	299	40	63	0	107	24	1
14	富士通	日本	113	31%	200	12	35	2	106	12	1
15	西门子	德国	110	42%	293	33	63	3	2	76	8
16	SAP 公司	德国	100	11%	253	9	99	0	1	14	0
17	Obic 公司	日本	92	46%	102	0	0	0	92	0	0
18	谷歌	美国	86	24%	161	17	84	7	10	20	5
19	甲骨文	美国	80	23%	196	13	80	0	5	3	0
20	福特	美国	79	72%	239	69	74	0	0	10	0

注：CN 为中国，US 为美国，KR 为韩国，JP 为日本，EP 为西班牙，CA 为加拿大。

从专利市场布局策略来看，国外排名靠前的机构较为重视海外市场的拓展，知识产权保护意识强，在海外进行了专利布局。这些机构因地理位置、市场战略的不同，专利布局的区域侧重点不尽相同，但是很重视中国市场。20 家机构中，有 19 家在中国进行了专利布局。除中国外，美国、日本和欧洲市场也是各大公司布局的重点区域。国内排名靠前的机构中，仅京东集团、阿里巴巴集团、滴滴、百度等少数几家公司在海外主要国家进行了专利布局。

表 3-4 国内物流信息管理技术专利 Top 20 申请人竞争态势

序号	专利权人	所属国家	专利数量（件）	近 3 年专利占比	发明人数（个）	主要国家专利布局（件）					
						CN	US	KR	JP	EP	CA
1	京东集团	中国	950	68%	560	948	41	1	8	8	0
2	阿里巴巴集团	中国	519	40%	644	512	84	18	46	25	6
3	顺丰	中国	290	75%	348	290	0	0	0	0	0
4	国家电网总公司	中国	225	39%	785	225	0	0	0	0	0
5	拉扎斯网络科技	中国	213	99%	204	213	0	0	0	0	0
6	三快在线科技	中国	169	95%	303	169	5	0	0	1	1
7	东普信息科技	中国	112	100%	100	112	0	0	0	0	0
8	小度信息科技	中国	109	9%	91	109	15	0	0	0	0
9	苏宁易购	中国	105	77%	212	105	0	0	0	0	0
10	丰巢科技	中国	95	78%	42	95	0	2	0	1	0
11	中通吉网络技术	中国	92	100%	101	92	0	0	0	0	0
12	格力电器	中国	80	94%	194	80	0	0	0	0	0
13	德启信息科技	中国	67	57%	95	67	0	0	0	0	0
14	滴滴	中国	60	90%	135	57	38	6	18	23	8
15	广东工业大学	中国	57	46%	124	57	0	0	0	0	0
16	百度	中国	54	80%	91	54	8	2	4	5	0
17	每日优鲜电子商务	中国	53	100%	43	53	0	0	0	0	0
18	上汽集团	中国	51	75%	63	51	0	0	0	0	0
19	寻梦信息技术	中国	51	100%	37	51	0	0	0	0	0
20	航天信息股份有限公司	中国	50	58%	95	50	0	0	0	0	0

3.1.4 专利技术领域

利用德温特手工代码对物流信息管理技术专利的技术领域进行划分和解读，其结果具体见图 3-6。由图 3-6 可知，全球物流信息管理技术专利重点针对仓库管理系统、物料管理系统、供货系统、运输管理系统、用户管理系统等管理系统及工具（如 T01-J05A2、T01-S03、T01-J07D1、T01-J05B4P、T01-N02B1B、T01-J05B4M）、商业模式（如 T01-N01A2、T01-J05A2A）、工作流管理（T01-J05A2B）、监测（如 T01-N02B2B、T01-N02B2）、安全（T01-J12C）、数据传输（T01-

N01D）、理货（T01-E01A）、财务（T01-J05A1）等问题进行研究，主要通过服务器（如 T01-N02A3C、T01-N01D3）、输送设备（Q35-B）、通信技术（如 W01-A06C4、T01-C03C）、地理信息系统（T01-J07D3A）、手持式终端设备（W01-C01D3C）、射频识别设备（T04-K03B）、非接触式手段（T04-K02B）、图像分析技术（T01-J10B2）、数据分析技术（T01-J05A2C）、金融技术系统（T01-N01A1）等设备及技术解决。

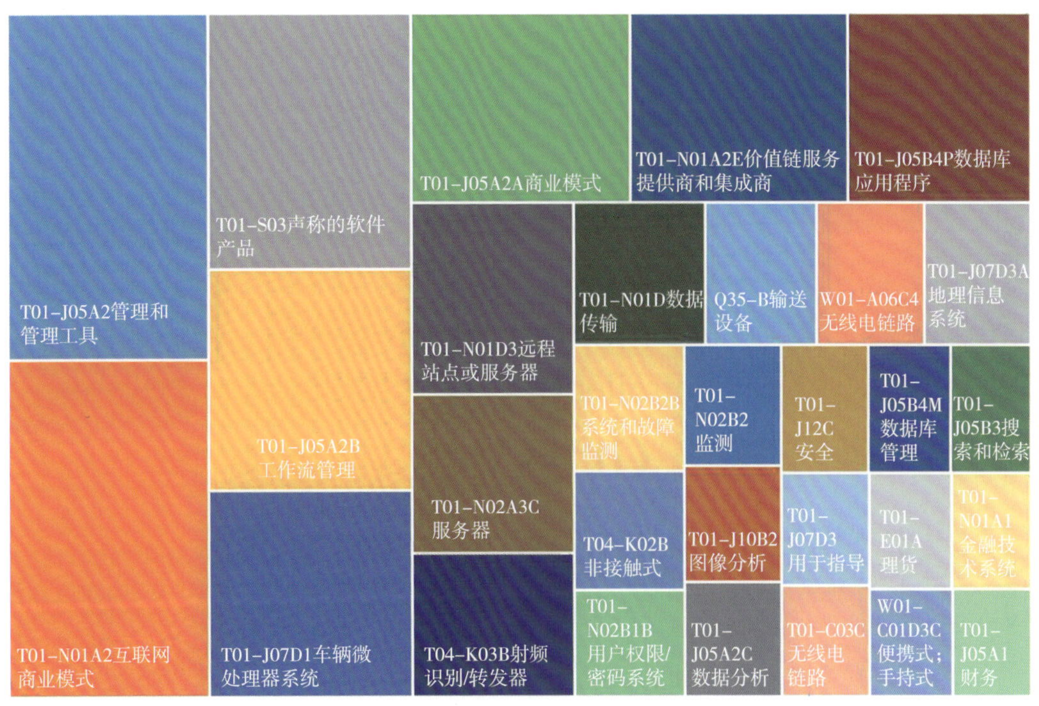

图 3-6 全球物流信息管理技术德温特手工代码分布

利用专利标题中的关键词进一步对专利技术进行分析，相关词云见图 3-7。由图 3-7 可知，物流信息管理技术对物流中的配送（Delivery）环节最为关注，订单（Order）领域也是其专利布局重点。其他聚焦的领域还包括存储（Storage）、收货（Receiving）、运输（Transport）、发货（Dispatch）、汽车（Car）、库存（Inventory、Stock）、仓储（Warehouse）、食品（Food）、集装箱（Container）、包裹（Parcel）、分拣（Picking）、包装（Package）、销售（Sales）、标签（Label）、地址（Address）、零售（Retail）、存储柜（Cabinet）、供应链（Supply Chain）、支付（Payment）、价格（Price）、药品（Medicine）、托盘（Pallet）、展示单元（Display Unit）、冷链（Cold Chain）、电子商务（E-commerce）、账本（Ledger）、农产品（Agricultural）、航空器（Aircraft）等。通过物联网（Internet of Things）、人工智能（AI）、大数据（Big Data）、云计算（Cloud）、传感器（Sensor）、RFID、无人驾驶、无人机等无人技术（Unmanned）、机器人（Robot）、智能算法（Algorithm）、区块链（Blockchain）、虚拟（Virtual）技术、智能手机（Smartphone）、导航定位技术（Navigation、

GPS 等）、3D/4D 技术、GIS、微处理器（Microprocessor）、AGV、NFC、增强现实（AR），以及通信技术（3G、4G、5G、WIFI、Wirelessnetwork、Zigbee、WeChat、UWB）等技术，在上述物流环节及物流对象处理中进行数据（Data）处理、定位（Location、Position）、识别（Identification）、控制（Controller）、通信（Communication）、监测（Monitor）、追踪（Tracking）、线路规划（Route）、调度（Scheduling）、检测（Inspect）、预测（Forecast）、信息处理（Information Processing）、测量（Measuring）、更正（Correcting）、预警（Alert）、分配（Allocating）等，来实现智能（Auto）物流、实时（Realtime）物流、降低成本（Cost）、提高安全（Safety）、实现高效（Efficiency）、零库存（Zero Inventory），从而解决物流“最后一公里”（Last Mile）等问题。

图 3-7 全球物流信息管理技术专利标题关键词云

3.1.5 中国专利运营分析

专利运营情况可以侧面反映某一领域竞争者之间的关系。统计和分析专利运营转移、许可和质押数据，可以直观地掌握此领域专利的运营特点，更有效地制订适合本身发展特点的策略，以便更好地指导和促进自身技术的研发和市场战略的制订。

2011—2020 年的中国专利中，已参与运营的专利数量为 1207 件，约占中国专利总数的 4.7%，总体运营效率还有待提高（见图 3-8）。进一步分析专利运营的形式，可知涉及转让专利 1169 件，其中，发生一次转让的专利占比 69.9%，另有 29.4% 的专利产生了二次转让，0.7% 的专利发生了三次转让；质押专利 27 件，其中，发生一次质押的专利占比 81.5%，14.8% 的专利产生了二次质押，3.7% 的专利发生了四次质押；许可专利 18 件，均只产生一次许可。参与转让的专利中，有 3.2% 的专利优先权来自国外；而参与质押、许可的专利全部来源于中国本土。

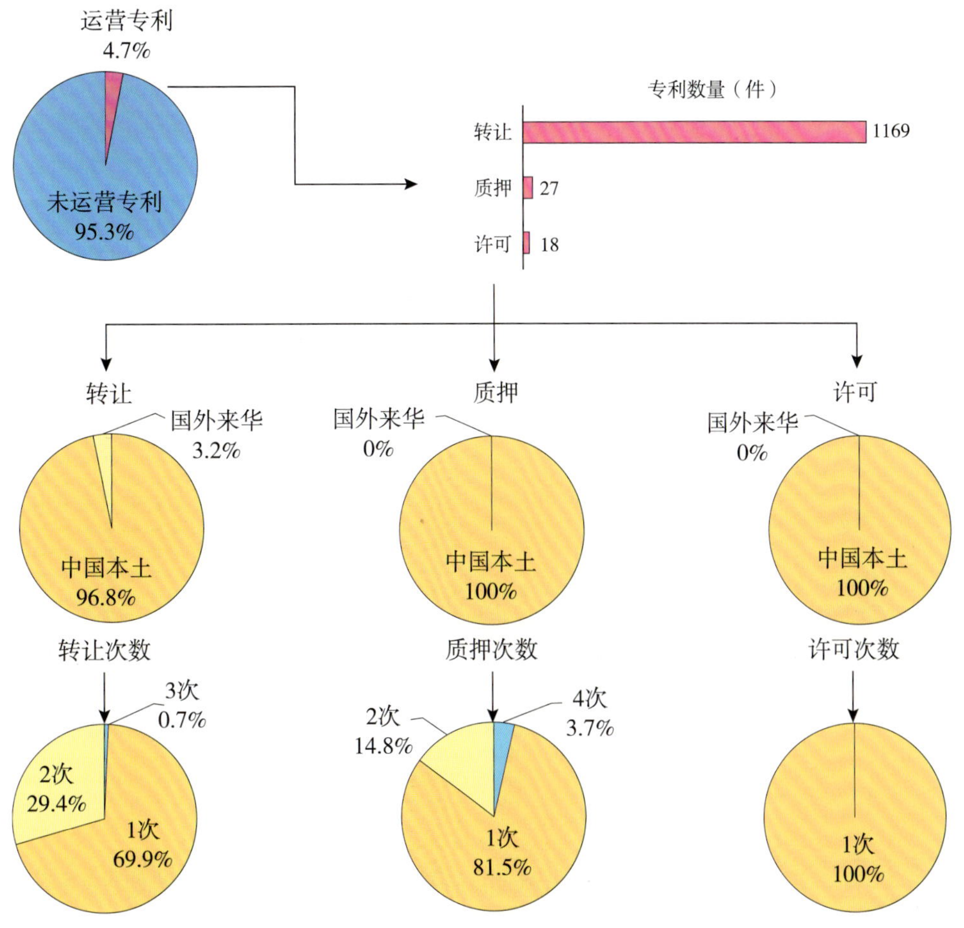

图 3-8　中国专利运营总体情况

表 3-5 为物流信息管理技术中国专利转让人 Top 20。参与转让最多的机构为北京京邦达贸易有限公司、北京京东尚科信息技术有限公司和北京京东世纪贸易有限公司，这 3 家公司联合申请的专利有 249 件发生了转让。其次为阿里巴巴集团控股有限公司，其单独申请的 122 件专利发生了转让，另有与先进创新技术有限公司联合申请的 25 件专利发生了转让。通过对排名靠前的转让人与受让人的法定代表人、股权结构进行分析，专利转让数量排名靠前的转让人中，仅黄利伟、网易无尾熊（杭州）科技有限公司、上海斐讯数据通信技术有限公司、长沙修恒信息科技有限公司转让的专利属于外部转让，其他均属于内部转让。这说明该领域的专利正在通过转让为企业及研发人员带来更多的价值，但是数量有限。

从物流信息管理技术领域专利许可排行情况（见表 3-6）可知：最为活跃的专利许可人为江苏斯诺物联科技有限公司，涉及许可专利 3 件，均许可给了诺得物流股份有限公司；南京邮电大学的 2 件专利均许可给了江苏南邮物联网科技园有限公司；电子科技大学中山学院的 2 件专利均许可给了广东凌臣科技有限公司；章玺涉及许可专利 2 件，均许可给了有格科技有限公司；其他专利许可人还包括上海交通大学、上海电气集团股份有限公司等。通过对许可人与被许可人的法定代表人、股权结构和地域进行分析可知，国内物流信息管理技术的相关专利主要在集团内部或同地域机构之间发生许可。

表 3-5　物流信息管理技术中国专利转让人 Top 20

序号	转让人	专利数量（件）	受让人
1	北京京邦达贸易有限公司；北京京东尚科信息技术有限公司；北京京东世纪贸易有限公司	249	北京京邦达贸易有限公司；北京京东振世信息技术有限公司（68） 北京京东振世信息技术有限公司；北京京邦达贸易有限公司（62） 北京京东乾石科技有限公司；北京京邦达贸易有限公司（58） 北京京邦达贸易有限公司；北京京东乾石科技有限公司（56） 北京京邦达贸易有限公司；北京京东叁佰陆拾度电子商务有限公司（2） 北京京东叁佰陆拾度电子商务有限公司；北京京邦达贸易有限公司（3）
2	阿里巴巴集团控股有限公司	122	菜鸟智能物流控股有限公司（121） 创新先进技术有限公司（1）
3	先进创新技术有限公司；阿里巴巴集团控股有限公司	25	创新先进技术有限公司；先进创新技术有限公司
4	天津京东深拓机器人科技有限公司；北京京东尚科信息技术有限公司；北京京东世纪贸易有限公司	15	北京京东乾石科技有限公司；天津京东深拓机器人科技有限公司
5	北京京东尚科信息技术有限公司；北京京东世纪贸易有限公司；天津京东深拓机器人科技有限公司	13	天津京东深拓机器人科技有限公司；北京京东乾石科技有限公司
6	天津京东深拓机器人科技有限公司	11	北京京东乾石科技有限公司
7	山东爱城市网信息技术有限公司	9	山东浪潮质量链科技有限公司
8	黄利伟	7	北京德达物流股份有限公司（4） 北京福田智科物流有限公司（1） 贵州奥申信息技术发展有限公司（1） 贵州耀泰物流有限责任公司（1）
9	上海凯京信达科技集团有限公司	6	上海斑马来拉物流科技有限公司
10	上海汽车集团股份有限公司	6	上海汽车集团股份有限公司；上海汽车工业（集团）总公司
11	北京图森未来科技有限公司	6	北京图森智途科技有限公司
12	网易无尾熊（杭州）科技有限公司	6	阿里巴巴（中国）有限公司

续 表

序号	转让人	专利数量（件）	受让人
13	上海斐讯数据通信技术有限公司	5	台州市吉吉知识产权运营有限公司（3） 杭州吉吉知识产权运营有限公司（2）
14	北京京东世纪贸易有限公司	5	北京京东振世信息技术有限公司
15	广州供电局有限公司	5	广东电网有限责任公司广州供电局
16	江苏云柜网络技术有限公司	5	南京云柜网络科技有限公司
17	苏宁云商集团股份有限公司	5	江苏苏宁物流有限公司（3） 南京苏宁软件技术有限公司（1） 深圳市云网万店电子商务有限公司（1）
18	长沙修恒信息科技有限公司	5	上海悦彦信息科技有限公司（1） 上海树风物流科技集团有限公司（1） 江苏快而捷物流股份有限公司（1） 深圳市公狼科技有限公司（1） 赫德国际物流有限公司（1）
19	上海图森未来人工智能科技有限公司	4	北京图森智途科技有限公司
20	世纪禾光科技发展（北京）有限公司	4	数贸科技（北京）有限公司

表 3-6 物流信息管理技术专利许可排行情况

序号	许可人	许可数量（件）	被许可人
1	江苏斯诺物联科技有限公司	3	诺得物流股份有限公司
2	南京邮电大学	2	江苏南邮物联网科技园有限公司
3	电子科技大学中山学院	2	广东凌臣科技有限公司
4	章玺	2	有格科技有限公司
5	上海交通大学	1	南京璟麒智能机器人系统控制研究院有限公司
6	上海电气集团股份有限公司	1	上海电气慧程智能系统有限公司
7	中包物联网科技（北京）有限公司	1	中包物联网科技（天津）有限公司
8	哈尔滨金融学院	1	哈尔滨晟通财务咨询有限公司
9	哈尔滨铁道职业技术学院	1	哈尔滨远大通讯技术服务有限责任公司
10	杨绍泉	1	四川莱龙电子商务有限公司
11	武汉钢铁（集团）公司	1	武汉钢铁工程技术集团通信有限责任公司
12	深圳市帝盟网络科技有限公司	1	香港帝盟网络科技有限公司
13	湖北九州通达科技开发有限公司	1	九州通医药集团股份有限公司

从区域物流信息管理技术领域专利质押排行情况（见表 3–7）可知，参与质押最为活跃的出质人为上海鸿研物流技术有限公司，质押涉及专利数量为 3 件，合计 4 次；南京紫米网络科技有限公司和四川创物科技有限公司分别涉及质押专利 2 件，其他专利出质人还包括东亨信息科技股份有限公司、中科富创（北京）科技有限公司等。

表 3–7　　物流信息管理技术专利质押排行情况

序号	出质人	质押次数（次）			专利数量（件）
		1 次	2 次	4 次	
1	上海鸿研物流技术有限公司	2	1	0	3
2	南京紫米网络科技有限公司	0	1	1	2
3	四川创物科技有限公司	2	0	0	2
4	东亨信息科技股份有限公司	1	0	0	1
5	中科富创（北京）科技有限公司	1	0	0	1
6	北京蓝风家禽养殖有限公司	0	1	0	1
7	南宁华御堂医药有限责任公司	1	0	0	1
8	宁波兰羚钢铁实业有限公司	1	0	0	1
9	山东天海科技股份有限公司	1	0	0	1
10	成都曙光光纤网络有限责任公司	1	0	0	1
11	成都联宇创新科技股份有限公司	1	0	0	1
12	新疆航天信息有限公司	1	0	0	1
13	无锡恺易物联网科技发展有限公司	1	0	0	1
14	无锡扬晟科技有限公司	1	0	0	1
15	武汉普罗格集成科技有限公司	1	0	0	1
16	河南中裕广恒科技股份有限公司	1	0	0	1
17	西安魔盾电气工程自动化研究所有限公司	1	0	0	1

3.1.6　小结

1. 全球及中国物流信息管理技术的专利申请呈逐年增长态势

近 10 年来，全球及中国的物流信息管理技术专利申请量逐年增长，但近 2 年增长率有放缓趋势。随着信息化技术的进一步发展及各国对物流行业的重视，预计未来专利申请量仍将保持高速发展。

2. 全球物流信息管理技术专利主要集中在中国、美国、韩国、日本等国家和地区

美国的物流业开展较早，2016 年之前在专利总量占据优势地位。中国的物流业起步虽晚但发展迅速，逐步从传统物流向现代物流转变，并成为物流信息管理技术领域专利申请第一大国，专利申请数量远超其他国家 / 地区。

3. 世界各国通过专利布局积极拓展全球市场，但国内企业对外专利布局欠缺

美国、日本、欧洲等发达国家和地区的专利权人除在国内积极申请专利外，还通过 PCT（专利合作条约）等方式在海外进行广泛专利布局，抢占全球市场份额，其专利布局数量远超本土研发的专利数量。尽管中国专利总量位居世界第一，但专利布局数量仅占其本土专利申请量的 1/4，中国企业及科研机构在专利质量及专利全球布局意识等方面仍待加强。

4. 全球物流信息管理技术研发企业众多，主要来自 IT、快递、零售、电子商务、传统制造业等行业

物流信息管理技术的快速发展，使得各个国家及相关企业都开始重视相关技术的开发和研制。目前，全球物流信息管理技术相关专利共计涉及 2.5 万多个机构及个人，已经形成了一批优势企业，但技术分布相对分散，尚未形成技术垄断。全球 Top 20 研究机构主要来自 IT、快递、零售、电子商务、传统制造业等行业，表明上述行业的公司对物流信息管理技术较为重视。

5. 美国是物流信息管理技术领域领先者，国内优势研发力量正在形成

全球 Top 20 的主要研究机构中，排名前 6 的领先机构有 4 家来自美国。另外，我国优势研发力量正在形成，京东集团近 10 年在物流信息管理技术领域申请专利数量全球第一，我国排名靠前的专利申请人还有阿里巴巴集团、顺丰、国家电网总公司、三快在线科技。此外，广东工业大学、浙江工业大学等高等院校在物流信息管理技术领域也拥有较强的研发实力。

6. 物流配送、订单管理、数据处理等领域是技术热点

全球物流信息管理技术专利涉及技术领域较为广泛，集中在仓库管理、物料管理、供货系统、运输管理等方面，涉及商业模式、工作流管理、数据传输、监测及安全等领域。鉴于包括物联网、人工智能、增强现实、区块链等在内的数据处理技术对提高效率和降低成本的重要性，预计仍将成为研究重点。此外，设备跟踪和控制技术、物流信息安全技术将日益受到重视。

7. 参与运营的中国专利数量占比不高，专利占主导地位，质押、许可数量较少

近 10 年的中国物流信息管理技术专利中，已参与运营的专利数量为 1207 件，约占中国专利总数的 4.7%，总体运营效率还有待提高。专利转让、专利许可、专利质押的数量分别为 1169 件、27 件和 18 件。但专利转让和专利许可均以集团内部转让居多，急需通过合理的专利运营手段释放专利价值，真正提升物流信息管理相关产业和企业的竞争力。

3.2 典型公司重点专利介绍

美国和中国在物流信息管理领域的优势明显，不仅在专利数量上具有领先优势，还拥有多家国际知名公司。本节选取沃尔玛、亚马逊、UPS、IBM 公司 4 家美国公司以及阿里巴巴集团、京东集团、顺丰、拼多多、丰巢科技 5 家中国公司作为典型公司，这 9 家公司物流信息管理技术领域专利数量大多在排名前十的榜单内，涵盖了零售、电子商务、快递 3 个行业。结合专利强度、同族国家、专利转让、专利公开日等维度，每家公司遴选 2 件重点专利进行分析，以此窥探行业的研发重点及方向。

3.2.1 亚马逊（Amazon）

1. 奇思妙想新专利，用“鞭子”在空中配送

2020 年 2 月 11 日，亚马逊公开了一件名为“Energy-efficient launch system for aerial vehicles”（公开号 US10556709B1）的专利。该专利将会把快递包裹用“鞭子”甩到空中进行配送。其公开了一种新的发射系统（见图 3-9），使用一根数公里长的“鞭子”（110）将物体甩到空中，甚至将其送到太空轨道。“鞭子”的一端是绞盘，另一端通过空中绞车连接到海上交通工具（102）上。“鞭子”上的是空中飞行器（120），它们会按照程序编队移动，以超音速的速度挥舞“鞭子”。将包裹（122）放在无人机上，“鞭子”可以将无人机或其他类型的飞行器送入空中，在空中配送中心（130）进行处理。这种方法可以提供一种节能的方式来发射有效载荷（125），当多个有效载荷发射时，导引无人机可以沿着“鞭子”移动，以重新配置无人机的配送路线（127）。连接的无人机数量不同，“鞭子”可能会延伸到数公里长，亚马逊将来或许会用这种方法把包裹送到世界各地。

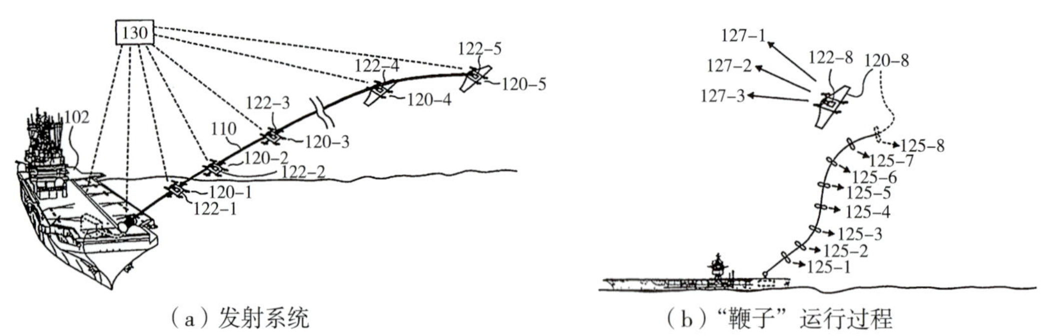

（a）发射系统　　（b）“鞭子”运行过程

图 3-9　亚马逊用“鞭子”在空中配送

2. **区块链技术，帮助追踪及分辨次品和假货**

2020 年 7 月 30 日，亚马逊公开了一件名为“Distributed ledger certification”（公开号 US20200242547A1）的专利。该专利描述了将分布式账本技术注入项目供应链“最先一公里”和“最后一公里”的数字信任认证过程，旨在为电商供应链创造透明度和信任，有助于追踪及分辨次品和假货。该专利的区块链用户界面如图 3-10 所示，可以对用户的搜索过程进行响应，访问设备可以接收物品的图片、价格、库存等信息，还可以接收关于物品的认证信息。认证信息与商品交易的过程相关联，当被访问设备检测到时，会呈现给用户认证特征，该信息可由目录系统动态呈现，汇编每个物品从生产、运输到消费的大量数据。目录系统可以指定认证规则，如使用分布式账本技术对物品进行可验证跟踪。认证机构将数字签名的认证规则提供给参与方，参与方又可以将这些认证信息提供给最终用户。参与方通过目录系统收集证书或测试报告，让物品供应链更加安全和透明，确保用户能买到货真价实的商品。

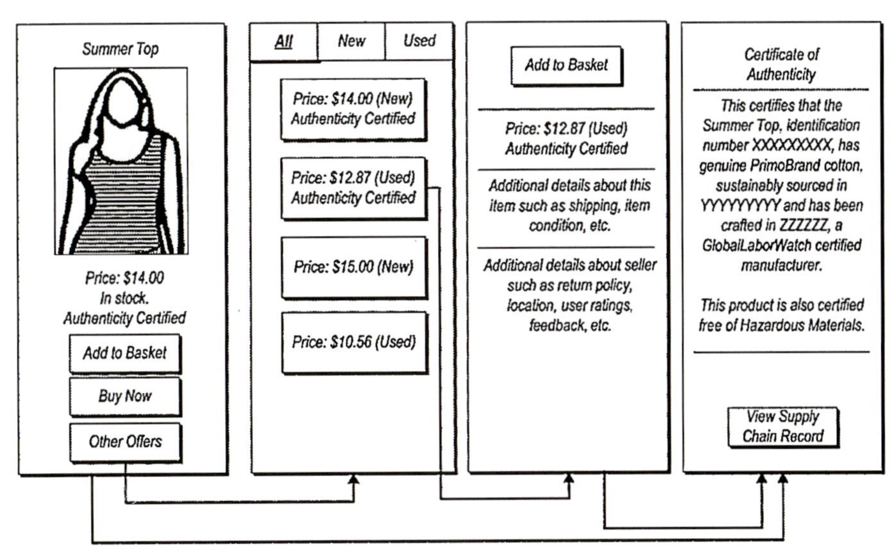

图 3-10　亚马逊区块链用户界面

3.2.2　沃尔玛（WalMart）

1. **无人飞行器技术，扩大配送范围**

2020 年 1 月 30 日，沃尔玛公开了一件名为“Unmanned aerial vehicle for delivering cargo”（公开号 US20200031460A1）的专利。该专利公开了一种无人飞行器（UAV），属于无人机智能配送领域，主要解决 UAV 配送距离受限的问题。该专利中的 UAV 包括具有储存功能的货舱（108）、电子标签（126）以及多个转子组件（104）的本体（102）。货舱内，控制器（106）安装在 UAV 壳体（122）

内。转子组件可以使 UAV 绕俯仰轴（114）、辊轴（116）和偏航轴（118）等多自由度移动。螺旋桨（110）绕旋转轴（112）转动产生气流推动 UAV。每个转子组件包含一个悬臂（128），悬臂通过铰链（130）沿圆弧 A 移动并向外延伸到转子组件的端部（132）。当悬臂绕铰链沿圆弧 A 移动时，悬臂向内折叠至 UAV 本体。转子组件可在飞行配置和运输配置之间变换。在飞行配置中，转子组件可以从货舱主体向外延伸，并通过空气推力驱动货舱主体；在运输配置中，转子组件可以折叠至货舱主体。该专利可以用于当配送及取件的往返距离大于 UAV 的双向范围的情况。

沃尔玛无人机运输配置如图 3-11 所示。

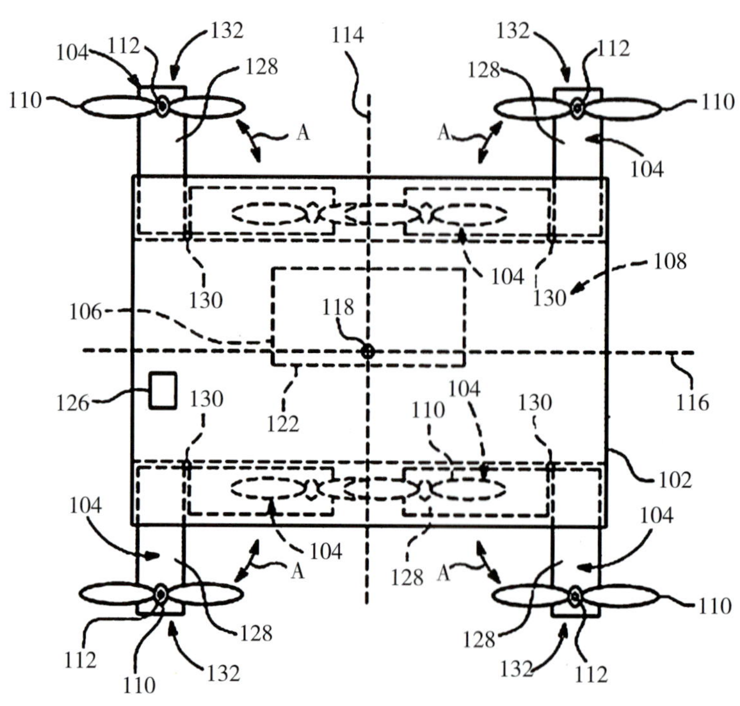

图 3-11　沃尔玛无人机运输配置

2. 3D 扫描监控技术，为顾客提供帮助

2020 年 7 月 30 日，沃尔玛公开了一件名为“Apparatus and method of monitoring product placement within a shopping facility”（公开号 US20200239290A1）的专利，提供了一种在购物设施处帮助顾客或工作人员的系统、设备和方法。该系统主要包括无线接收通信的收发器、与收发器耦合的产品监视控制电路、与控制电路耦合并存储计算机指令的存储器等。当由控制电路执行计算机指令时，基于 3D 扫描数据，得到与购物设施的至少一个选择区域相对应的合成 3D 扫描映射并进行评估，以识别多个产品深度距离。人或其他可移动物体可自由且独立地穿过购物设施空间，这些设施的移动和操作可以由中央计算机系统控制，或者由机动化的运输单元自主控制。用户界面允许用户与自动

移动设备进行交互，自动移动设备和相应的系统可以在购物设施处协助购物者或工作人员，以此增强购物设施中的顾客购物体验。

3.2.3 IBM 公司

1. 区块链技术，阻止无人机窃取包裹

2019 年 12 月 12 日，IBM 公司公开了一件名为“Preventing anonymous theft by drones”（公开号 US20190378386A1）的专利，涉及一种用于防止无人机匿名盗窃财产的方法和系统。该专利提供了一种用于存储有关个人财产对象数据的安全数据库及其跟踪服务器访问、获取及响应方法。首先，被跟踪的包裹配备物联网传感器。其次，安全数据库是只能由商家、托运人等可信实体修改的区块链，以界定包裹的当前跟踪状态。当包裹被投递且未被签收时，可信实体更新安全数据库以设置对象的跟踪状态，当检测到包裹海拔高度的变化超过阈值时才会触发传感器，此后传感器就会定期向区块链平台和收件人更新包裹的高度信息。

2. 增强现实技术，为物品展示注入新活力

2020 年 4 月 23 日，IBM 公司公开了一件名为“Appropriately distributing items using augmented reality”（公开号 US20200126004A1）的专利。该专利是关于一种使用增强现实技术来合理摆放物品的方法、系统和计算机程序产品。在接收将被放置在包装中的待检测物品的列表之后，确定被检测物品在袋中的最佳放置方案。可以通过袋子能容纳物品的尺寸和最大重量、物品的尺寸、客户能携带的最大重量以及其他因素来确定。另外，可以通过应用与食品安全相关的规则确定哪些物品不得临近放置。在确定袋中的最佳放置之后，在增强现实设备上进行可视化显示，该增强现实设备可以帮助收银员 / 装袋员将物品适当装存。

3.2.4 UPS

1. 智能装运标签提高寄递效率

2021 年 3 月 25 日，UPS 公开了一件名为“Arranging For Shipment of a Package Without Generating a Shipping Label”（公开号 US20210090006A1）的专利，提供了在不产生装运标签的情况下安排装运包装的方法和装置。该专利使得客户能够使用任何移动设备（如智能手机）获取所装运的包裹相关联的智能代码，输入装运信息，并将智能代码和装运信息发送到运营商服务器。客户只需将包裹放置在承运商或非承运商处，或安排承运商提取包裹。承运人收集包裹后，使用承运人设备获取与包裹相关联的智能代码并发送到承运人服务器，然后接收与智能代码相关联的装运信息。一旦收到装运信息，承运人代表可以生成并打印一个装运标签并贴在包装上，无须客户提供更多信息。

2. 秒测包裹三围，实现物流精细化管理

2020 年 8 月 25 日，UPS 公开了一件名为“用于移动包裹尺寸计算和预测性状况分析的系统和方法”（公开号 CN111587444A）的专利，涉及获取包裹的数字图像、检测并确认包裹尺寸领域。该专利基于对包裹的单个数字图像的分析，检测并计算包裹的尺寸。在整个输送或装运网络的各个节点都可以获取包裹的单个数字图像，使用计算机进行图像操作，检测包裹的关键识别点（如标签或条码）。将处理后的数字图像输入数学模型中，生成包裹的所有尺寸的估计值。通过包裹的实际尺寸与预期尺寸之间的检测差来检测包裹是否发生损坏，并基于包裹尺寸信息，使用机器学习进行检测、表征、诊断，找到减轻包裹损坏的根本原因。

3.2.5 京东集团

1. 应用无人机和无人车，提高室内仓库盘活效率

2021 年 2 月 5 日，京东集团关联公司北京京东乾石科技有限公司公开了一件名为“一种应用于室内仓库的盘货方法和系统”（公开号 CN112327910A）的专利，克服现有室内仓库盘货方式存在效率低、错误率高以及成本高的缺点。盘货系统的主要结构如图 3-12 所示。该无人系统平台包括无人机和地面移动平台，无人机包括传感器、与传感器通信连接的第一通信单元和充电装置。其中传感器包括货物特征信息采集传感器、水平定位码信息采集传感器和高度传感器。货物特征信息采集传感器用于对货物进行拍摄，生成图像流或视频流；水平定位码信息采集传感器以无人车上

用于室内仓库盘货的无人系统平台

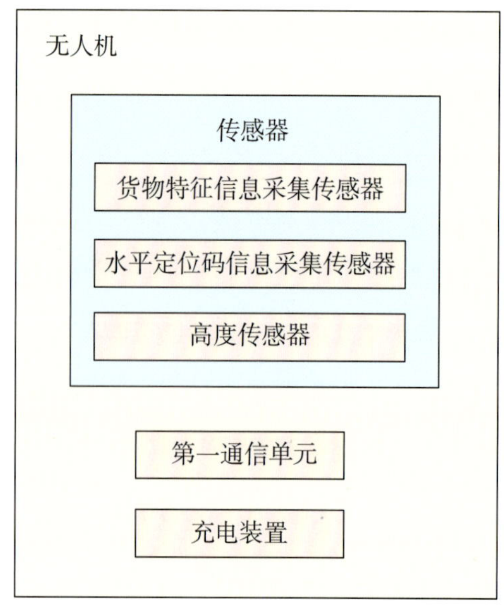

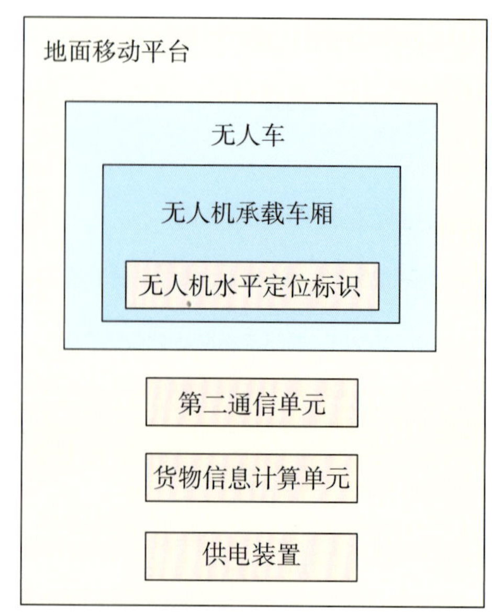

图 3-12 应用于室内仓库的盘货系统的主要结构

的无人机水平定位标识为基点，计算相对于无人车的水平位移；高度传感器用于采集无人机相对于起飞位置的高度。地面移动平台包括无人车、第二通信单元、货物信息计算单元和供电装置。无人机承载车厢的容积与无人机相匹配，无人机盘货完毕时可以降落在该位置。另外，无人机承载车厢内设置有无人机水平定位标识，无人机水平定位时可以该标识为基点确定其相对于无人车的水平位移。该实施方式将识别货物信息的计算单元从无人机中分离开来，使用地面移动平台和无人机结合的异构形式，以此缩小无人机的体积，提高室内仓库盘货的效率，降低错误率，减少运营成本。

2. 自动化立体仓库优化配送路径

2020 年 7 月 28 日，北京京东世纪贸易有限公司公开了一件名为“一种基于跨库输送线的路径优化方法和装置”（公开号 CN111461381A）的专利，涉及仓储技术领域，主要解决设备利用率低、需要大量人力成本的技术问题。该路径优化方法的主要流程如下：根据当前位置和目的地，判断是否需要跨库且需要使用堆垛机进行借道；若是，则根据各个堆垛机的待执行任务数量，选择待执行任务数量最少的堆垛机作为借道堆垛机；然后根据当前位置、借道堆垛机所在的位置和目的地优化路径。该专利通过筛选借道堆垛机和用于连通立体仓库的输送路线，实现资源共享和跨库调度，而且充分利用设备资源，在实现园区内不同仓库之间资源共享的同时还能对设备资源进行最优化利用，使设备利用率最大化，有效地节省了人员成本。

3.2.6 顺丰科技有限公司

1. 特征数据融合算法，提高暴力分拣识别准确率

2021 年 1 月 19 日，顺丰科技有限公司公开了一件名为“一种暴力分拣识别方法、装置、设备及存储介质”（公开号 CN112241665A）的专利，解决现有技术暴力分拣识别准确率较低的问题。该方法的主要流程包括：①从采集的待识别视频中提取具有设定时间间隔的相邻两帧图像，从中提取光流图；②将光流图的特征数据与前一帧图像的特征数据进行融合；③基于融合的特征数据，识别暴力分拣人员。相较于现有技术在图像帧识别暴力分拣肢体的基础上识别暴力分拣人员，该专利将图像帧识别的暴力分拣人员的轮廓与光流图识别的暴力分拣人员所在区域进行匹配，这样综合了两种的识别结果，提高了识别的准确率。另外，通过采用循环神经网络，根据当前输出的暴力分拣人员的轮廓，调整已输出的暴力分拣人员的轮廓，从而进一步提高识别的准确率。

2. 包裹异常运输行为识别，精准追责问责

2021 年 5 月 14 日，顺丰科技有限公司公开了一件名为“包裹的异常运输行为识别方法、装置、终端及存储介质”（公开号 CN112800814A）的专利。该专利旨在解决现有技术中无法识别出包裹的异常运输行为的问题。包裹的异常运输行为识别的主要流程包括：①获取待识别包裹的加速度数据；②将加速度数据输入已训练的行为识别模型，用于识别待识别包裹在各个方向的运动加速度，从而确定待识别包裹是否存在异常运输行为；③获取行为识别模型确定的异常运输行为。该专利可以识别出包裹的异常运输行为，为物流行业精准地确定包裹损坏的归责人或归责物提供了便利。

3.2.7 阿里巴巴集团

1. 物品提取方法，方便开车用户取货

2021 年 6 月 29 日，阿里巴巴集团公开了一件名为“物品提取方法、装置及系统”（公开号 CN113052521A）的专利，该专利提供了一种物品提取方法及装置、停车管理方法及装置、订单处理方法及装置、物品提取系统。该物品提取方法的整个系统架构的硬件设备主要包括客户端、第一服务端、取货地点、备货终端、第二服务端、闸机设备、提货终端，其中提货地点设有停车区。通过将线上的订单与车牌进行关联，用户可以开车到停车场，通过车牌识别，快速提取订单的物品，方便开车的用户取货。另外，可以在门店附近的停车场设置一个汽车穿梭取货系统，在该停车场设置一个物品提供设备，用户在线上下订单，然后选择取货门店。备好该订单对应的物品后，放置在物品提供设备中，用户可以开车进入该停车场，汽车穿梭取货系统通过扫描车辆信息，快速地将对应的物品提供给该用户，然后用户即可开车离开停车场，该过程中用户不用下车即可取货，取货时间短、体验好。

2. 获取配送压力数据，提高接单成功率

2021 年 1 月 12 日，阿里巴巴集团关联公司拉扎斯网络科技（上海）有限公司公开了一件名为“一种配送压力数据的获得方法、装置、电子设备”（公开号 CN112215473A）的专利。该专利提供了一种配送压力数据的获得方法，主要流程包括：①获得用于表示当前时间的第一配送特征的第一当前配送参数；②获得用于表示历史时间的第一配送特征的第一历史配送参数；③将第一当前配送参数和第一历史配送参数输入用于检验配送特征变化程度的显著性检验模型中，获得用于表示配送压力程度的配送压力数据。此方法不仅能够全面反映当前时间下的配送压力特征和历史时间下的配送压力特征，还能够反映出第一配送特征从历史时间到当前时间的变化程度，从而提高了配送压力数据反映配送压力程度的准确度。

3.2.8 上海寻梦信息技术有限公司

1. 展示包裹预配送路线，提高寄收件体验

2021 年 3 月 12 日，拼多多关联公司上海寻梦信息技术有限公司公开了一件名为“展示包裹预配送路线的方法、装置、设备以及存储介质”（公开号 CN112488623A）的专利，该专利能够在地图上展示各物流服务商的最优运输轨迹，以供用户选择。该专利提供的包裹预配送路线的展示流程包括：①获取待寄件包裹的收件地址以及寄件地址；②获取多个物流运输服务商；③自该物流运输服务商预定时间段内的历史物流信息，提取与收件地址以及寄件地址于设定地址粒度相同的多条历史物流轨迹；④按物流运输时间的远近为多条历史物流轨迹设置第一权重；⑤按同一运输路径的运输订单数量的大小为多条运输路径设置第二权重；⑥确定最优运输路径并作为预配送路线；⑦在地图上展示预配送路线；⑧响应用户端预配送路线的选择，向发件用户端发送物流运输服务商选择信息。该专利通过确定各物流公司的预配送路线，从而在寄件前向用户展示，便于用户直观感知包裹的配送路径，以供用户进行物流公司的选择，从而提高用户寄收件体验。

2. 准确识别虚假运单，保障良好购物体验

2020 年 12 月 22 日，拼多多关联公司上海寻梦信息技术有限公司公开了一件名为“虚假运单的识别方法、系统、电子设备及存储介质”（公开号 CN112116284A）的专利。该专利公开的虚假运单的识别流程包括：①获取待识别运单的物流服务提供商、签收地址以及收件地址；②在物流服务提供商的派件网点中确定与收件地址对应的合法派件网点集合；③判断签收地址是否属于合法派件网点集合中任意一项的合法派件范围内；④如果没有，则确定待识别运单为虚假运单。该专利基于派件网点的合法派件范围来识别虚假运单，并保障了用户的良好购物体验。

3.2.9　丰巢科技

1. 区块链快递柜，提高快递柜利用率

2021 年 3 月 2 日，丰巢科技公开了一件名为“基于区块链的快递柜使用方法、装置、服务器及存储介质”（公开号 CN112434990A）的专利，主要目的是提高快递柜的利用率。该快递柜使用方法的主要流程包括：①基于多个快递柜构建区块链网络；②基于区块链网络，多个快递柜在预设时间内运行挖矿程序；③每个快递柜根据自身挖矿程序的运行结果获取第一代柜币；④基于第一代柜币生成第二代柜币；⑤确定用户对快递柜的使用次数；⑥基于使用次数为用户分配第二代柜币；⑦将用户分配的第二代柜币数量存储至区块链网络。该专利利用快递柜，构建区块链网络进行挖矿，并将快递柜挖矿产出的柜币根据用户对快递柜的使用次数对用户进行分配，不仅避免了快递柜资源的浪费，提高了快递柜的利用率；而且促使用户更加积极地使用快递柜，有利于快递柜的推广应用。

2. 无人机的智能仓，提高派件效率

2020 年 1 月 24 日，丰巢科技公开了一件名为“基于无人机的智能仓派件方法、装置、智能仓及存储介质”（公开号 CN110728484A）的专利，其目的是解决现有面向无人机配送的快递柜只能同时允许一架无人机进行派件的问题。该智能仓派件的主要流程包括：①接收第一无人机发送的第一派件请求；②若在第一无人机的派件过程中，收到至少一个第二无人机于同一仓门的第二派件请求，则调配第二无人机至空闲的仓门进行派件；③接收第一无人机快件及第二无人机快件并存放至货架。该专利实现智能仓同时采用 2 架以上无人机进行派件，并且为需要于同一仓门同时进行派件的无人机提供了调配方案，进一步提高派件效率。

4 物流企业科技成果及应用案例

随着5G、区块链、大数据、人工智能、工业互联网等新基建相关技术及基础设施的迅速推进，并与传统物流行业深度融合，物流领域的科技应用正处于一个爆发式增长的阶段。以“分享最新物流科技前沿趋势，展示最新研发成果和产品”为宗旨，本章主要介绍2020年在物流技术与装备、物流应用创新、行业进步及社会发展等方面有突出贡献、具有引领性和代表性的物流科技成果。在此基础上，对特定成果的优缺点和应用前景进行分析与展望。

在本章的第2节，选取部分“2021年度中国物流与采购联合会科学技术奖”获奖企业的科技应用案例，通过理论联系实践，集中展示在全国物流与采购以及生产资料流通领域中的科学技术成果。

4.1 物流企业科技成果

4.1.1 西门子——全流程柔性自动化“智慧工厂”

4.1.1.1 技术简介

2020年11月，一座全流程柔性自动化“智慧工厂”在上海西门子开关有限公司成功落地。智能物流机器人企业极智嘉（Geek+）助力西门子公司，通过4种物流机器人无缝协作和AI智能调度，率先在业内实现工业物流从收货、质检、入库到在库理货、出库集货和生产线送料的全场景机器人串联和全链路物料信息化管理（见图4-1）。

图4-1 西门子全流程柔性自动化“智慧工厂”

资料来源：www.cognitionfactory.com。

Geek+ 为该项目提供了智能仓组合方案（见图 4–2），包括 P800R 拣选机器人、C200S 货箱到人拣选机器人、四向穿梭车和 M1000R 搬运机器人，应用 AI 算法和智能系统，解决了库内 20 万余个仓库储存单元（SKU）原材料的收货、分区储存、齐套发运、产线领料等流程问题。

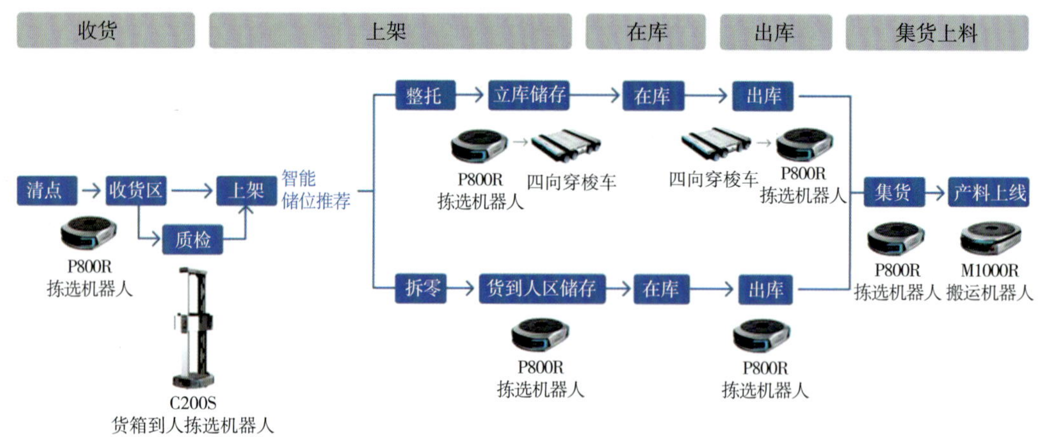

图 4–2 “智慧工厂”全流程柔性自动化改造方案

资料来源：www.geekplus.com。

1. P800R 拣选机器人

P800R 拣选机器人负责把库存货架或托盘搬送到拣选工位，使得拣选效率提升 2~3 倍，并有效提高拣选准确率，同时减少 50%~70% 的人工。P800R 拣选机器人负载行走平稳，最大运行速度为 2m/s，且避障敏捷、安全可靠。

2. C200S 货箱到人机器人

C200S 货箱到人机器人能以负载时 2m/s 的速度稳定运行，4s 内高效完成取箱动作；人机交互更为便捷，拣货时间缩短到 10s 之内，拣选效率达到 300 行 /（时 · 工位）。工位布局占地面积小，相同仓库面积能够部署的工位数量提高了 30%，综合提升了整仓效率和吞吐能力。

3. 四向穿梭车

四向穿梭车外观尺寸为 1100mm × 1040mm × 150mm，通过光电传感器进行货物检测，配合提升机后可实现前后、左右、上下六维运行。小车高度仅 150mm，小车轨道上表面离地面仅 300mm，可有效利用仓储空间。

4. M1000R 搬运机器人

M1000R 搬运机器人采用激光 SLAM 和二维码结合的混合导航方式，最大负重 1000kg，大容量锂电池支持 10h 续航。满载运行速度 1.5m/s，停止精度 ± 10mm，可用于密集储存、产线配送、在制品管理和柔性制造等场景。

据工厂数据统计，在完成智能升级后，工厂的入库效率提高了2.5倍，出库效率提高了2.15倍，储存面积减少50%，送料及时率和准确率均获得极大提升，顺利解决了离散式生产在定制化需求时代的物料管理和效率瓶颈，创造了智能制造和柔性制造的行业新高度。

4.1.1.2　成果述评

由于定制化、服务化需求带来了制造系统复杂性的指数化增长，制造业从产品研发到售后的全流程环节都出现了新变化与更高要求。在制造环节，企业面临着更复杂的生产计划、更高的在制品库存量；在仓储配送环节，企业面临着更高的库存水平，仓储、运输管理也因此更加复杂。

为应对这一制造形势的变化，企业需要通过使用模块化生产单元、新型数字设备以及生产过程智能管控系统等手段，增强生产系统的柔性，进一步提升企业应对需求变化的柔性制造能力。

场内物流机器人无疑是应对柔性制造的有力“武器”，可切实帮助企业降本增效，实现柔性生产及制造。从具体应用来看，目前场内物流机器人主要应用环节包括上下料、分拣、装箱、码垛、仓储、单元连接等。以Geek+为代表的诸多物流机器人企业已在上述这些应用场景发力。

制造业升级的难点在于理解场景和生产工艺，每个生产环节独立处理不难，但要配合生产流程、业务需求和生产节拍，形成流畅的系统是一项颇具挑战的系统工程。要形成好的解决方案，关键在于怎样让技术和场景更好结合。对于物流机器人企业来说，工业制造场景比仓储物流更具挑战性，因为客户所处的行业需求更加多样化，需要深入生产线去理解场景，从而打造出最合适的解决方案。

要真正实现工业4.0，机器代替人工只是初级阶段，设计一款完备的智能制造系统解决方案，实现整个生产线各个环节的无缝衔接，打造出一个真正的数字化工厂，是极智嘉接下来的课题。物流机器人经过深度开发和定制化设计，才可以更好地适应市场需求，释放更大的能量。

4.1.2　法国Quadient——“CVP Everest”全自动尺寸自适应包装系统

4.1.2.1　技术简介

2020年12月，法国科技公司Quadient与英国零售商Frasers集团签订合约，Quadient将为Frasers集团提供一套全自动包装系统，其最大的特点在于定制化，可根据订单货品的大小进行合适的包装，以节省材料成本。

此次签约的“CVP Everest”全自动尺寸自适应包装系统，每小时可定制生产1200个尺寸合适的电子商务包装箱（见图4-3）。系统在包装过程中自动对每个包裹进行扫描、测量、称重、构图、装箱、封箱、贴标和校验等工序，可将包装体积缩小 50%，减少纸板使用量 30%，无须填充空余空间。包装生产线只需要 2 人就可以完成原本 10~20 个包装操作站的工作量。该系统生产的包装能够完美契合用户订单产品的尺寸，有助于改善用户体验，而且减少拖车使用量，降低运输成本和碳排放量。同时，该系统的投资回报率也很高。据 Quadient 分析，投资运营一套 CVP 系列的包装系统，一些客户能够在 6 个月内收回投资成本。

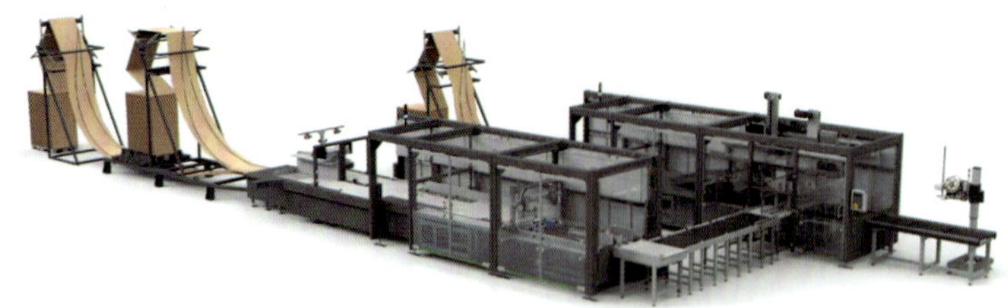

图 4-3 “CVP Everest”全自动尺寸自适应包装系统

资料来源：www.packagingbyquadient.com。

Frasers 集团于 2021 年上半年开始启用这套包装系统，为旗下高端品牌提供尺寸精确的私人电子商务订单包装。集团自动化部负责人表示，包装的质量、可持续性和性能在影响客户对 Frasers 集团旗下各品牌的认知度方面发挥着重要作用。“CVP Everest”全自动尺寸自适应包装系统通过减少包装浪费、精准契合订单尺寸、使用可持续包装材料、优化车辆使用、降低碳排量等方式，能够帮助 Frasers 集团实现优化客户体验这一目标。

4.1.2.2 成果述评

在电子商务高速发展、物流体系革命性变化的今天，包裹数量呈现爆发式增长，为了避免运输过程中物品损毁，电商快递包裹常常采用过度包装的措施来保证货物安全。因此“大材小用”、过度包装的现象十分严重，包装回收率也极低，给环境造成了很大危害。此外，随着上游包材供应商开出的价格水涨船高，给物流公司带来了极大的运营压力。自动化、柔性化和定制化的包装技术对于提高运作效率、优化物流成本，以及绿色环保都有着重要意义。

近年来，国内外涌现出众多值得称道的自动化包装设备和技术：京东物流依托智能耗材推荐系统——精卫、磁悬浮打包机、气泡膜打包机、枕式打包机、对折膜打包机等 18 种智能设备，实现气泡膜、对折膜、纸箱等各种包装材料的统筹规划和合理使用，形成软件硬件一体化的智能打包系统的解决方案；上海胜沃的“消费型”纸箱技术，在包装过程可以根据实际内包物体积调整封箱高度，无须额外填充物，尽可能缩小发运货物尺寸，运输装载率最高可提升 1 倍，自动封箱加盖使包裹拥有更加稳固的几何结构，减少 7% 的纸板耗材，且无须胶带粘贴，环保的同时将运输中的破损率降至最低；固尔琦推出无人化智能快递打包机，提供自动扫码、自动称重、出错剔除、自动打包、自动贴面单等一体化解决方案，该产品的打包速度最高可达 1500 件 / 时，并且无须人员操作，可根据产品尺寸自动调节快递袋长度，自动封切，节省耗材。

要想解决好物流包装的问题，既要做好包装材料的“减法”，也要做好技术手段升级的“加法”，通过电商卖家、平台、物流企业、消费者的共同努力，让物流包装真正绿色起来！

4.1.3 以色列 BionicHIVE——仓储机器人 SQUID

4.1.3.1 技术简介

2021 年 1 月，以色列机器人初创公司 BionicHIVE 推出一款全新的仓储机器人——SQUID，具体见图 4-4。SQUID 是一款具有三维移动功能的仓储机器人，可以直接安装在标准托盘架上。SQUID 可以从任何位置拾取货物，无论是在地板上还是在高处。

图 4-4 SQUID

资料来源：www.nerdist.com。

BionicHIVE 的智能仓储解决方案通常由若干个同步的 SQUID 机器人车队组成，该机器人车队具有三维运动功能，可以实现完全灵活的操作。嵌入式控制系统和智能实时数据分析使公司自主研发的算法引擎能够动态学习仓库中产生的问题，并将解决方案应用于网络中的所有仓库。与传统 AGV 相比，SQUID 的技术方案有很多独到之处。

1. 行进方式——“行走”和“攀爬”

大多数 AGV 是在货架内穿行，需要依靠巷道内的轨道或两侧货架作为支撑，而 SQUID 是在货架最外沿凭借单个轨道移动的。

2. 机械手取货

SQUID 配备有小型机械臂，机械臂依靠吸盘吸取货物。SQUID 接收订单后攀爬至相应货架，用机械臂上的吸盘直接将货物平移到机器人的载货平台上，然后返回地面。

3. 拣选 / 搬运方式灵活

SQUID 能够在任何高度进行拣选，能将货物带到仓库任何地方，非常方便。当然，仓库货架需要重新设计与布局，常规仓库的货架布局与结构不支持 SQUID 行走到货架内侧提取货物。

4.1.3.2 成果述评

高效合理的仓储物流系统可以帮助企业加快物资流动的速度，降低成本，保障生产顺利进行，并可以实现对资源的有效控制和管理。根据应用场景的不同，仓储物流机器人通常可分为 AGV、码垛机器人、分拣机器人、AMR 机器人、RGV 五大类。除此之外，SQUID、Skypod 等“全能型”仓储机器人的面世，也为物流企业带来了更多的选择。

在物联网技术、人工智能技术与机器人技术融合发展的背景下，未来仓储物流机器人不再被看作单一的高性能硬件，而是更加智能化的高性能物流装备。其智能化将体现在以下三个方面。①状态感知。借助物联网技术，机器人能够与周边硬件或产品（如可穿戴设备、环境监控设备等）进行数据交互，从而实现对自身及周边环境状态的感知。②实时决策。借助人工智能技术，机器人能够对特定场景如何行动作出决策。通过利用计算机技术模拟人类的视觉系统，赋予机器“看”和“认知”的功能，让机器人自行完成对外部世界的探测，进而作出判断，采取行动。③准确执行。这需要进一步提高机器人核心零部件的精度与能力，使机器人按照决策的结果做出精准的动作。

技术是仓储物流机器人的核心，目前市场上仓储物流机器人的运送方式、拣选技术还不成熟，产品的稳定性和安全性仍有较大进步空间。仓储物流机器人制造商还应在自动导航避障、运动控制、视觉识别、多传感器信息融合等方面继续优化，提升机器人性能，进一步提高物流效率，使机器人在智能物流时代发挥更大的作用。

4.1.4 中车唐山——时速 350 公里高速货运动车组

4.1.4.1 技术简介

2020 年 12 月，国产世界首列高速货运动车组在中车唐山正式下线，实现时速 350km/h 高铁货物快运。这列高速货运动车组具有中华鲟骨骼仿生形车头，银、白、红三色贯通车身，每节车厢侧面都有一对 2.9m 宽的装载门，有效提高货运装载效率（见图 4–5、图 4–6）。

图 4–5 国产时速 350km/h 高速货运动车组下线

资料来源：www.kengic.com。

图 4–6 高速货运列车大开度装载门

资料来源：www.sasac.gov.cn。

1. 突破轨道交通货运快速化关键技术

高速货运动车组以 350km/h 高速动车组平台为基础，突破了承载系统、走行系统、智能化装卸设备、快速装卸等多项轨道交通货运快速化关键技术，应用高速货运列车大开度装载门、标准集装器谱系化产品及模块化货运专用地板等全系列装卸设备，显著提升装卸作业效率，实现大载重、大容积、快速装卸及货物在途管理。

2. 尖端技术满足中长途快速货运需求

高速货运动车组利用大数据分析、云端虚拟配载、精准重量控制和遗传算法等技术，实现货物的智能配载和车辆负载的合理分配。采用无载波脉冲通信（UWB）技术、移动数据网络及北斗卫星导航技术，实现货物的精准识别、精确定位和货物信息的车地交互。满足 600~1500km 中长途快速货运需求，具有运输时效性高、运营频次多、运输成本低以及全天候运行等显著优势。

3. 安全环保的新型轨道货运装备

高速货运动车组外皮采用环保水性漆，无刺激性气味、无污染，在长期应用过程中对人体和环境无危害，并且表面细腻、美观、硬度高、易清洁。高速货运动车组设置了智能火灾报警系统，应用多种防火阻燃新材料、新技术，货仓区采用新型膨胀型防火涂层，防火层使用寿命可达 10 年。

4. 环境适应性和运营经济性显著提升

高速货运动车组适应温度为 –25~40℃，动力配置为 4 动 4 拖编组，载重不少于 110t，载货容积不少于 800m^3，载货空间利用率≥ 85%。相较于航空运输、公路运输，货运动车组受环境因素影响较小，1500km 的距离 5h 内即可到达。高速货运动车组车头采用中华鲟骨骼线形的仿生学设计，增大了车头长细比，经风洞试验证明，该头型在动感美观的同时，与既有车型相比大幅度降低了运行阻力，货物单位重量能耗仅为飞机的 8%。

4.1.4.2　成果述评

高速货运动车组的问世，是中国创新打造货物快捷运输新模式的重大成果，将进一步优化完善综合运输通道布局，促进现代物流体系建立，加快形成“国内国际双循环”的新格局，为全球商贸流通体系发展打造了新的“中国名片”。

传统的高铁货运只是简单地将客运车厢进行简易改造，这种方法虽然运输速度较快，但车厢空间利用率差，并且业务范围受车门大小影响，大件货物难以运送。同时运输环境也难以实时把控，这些原因都大大限制了高铁货运的受众群。

目前中国的快递运输主要依赖公路运输和航空运输，铁路快递业务量仅占其中两成左右。倘若货运动车组被大规模使用，加之价格合理，中远途运输可能都将通过高铁货运动车组完成，这对于一些干线运输企业来说将会带来巨大影响，届时整个运输结构将会发生革命性变化。

相对于公路运输来说，高速货运动车组具有无可比拟的时效性优势，长途跨区域货物流动将受到冲击，可能会逐渐被这一运输方式取代。这使铁路货物类型发生了质的变化，除了时鲜果蔬、快递包裹外，名贵的珠宝、高档数码产品、医疗用品等都可以开启“高铁快运”模式。例如，冷链食品和蔬菜瓜果等鲜活农产品运输对时效性和环境具有严格要求，一不小心就可能造成货物损失。但对于高速货运动车组来说，这些问题将最大限度降低。高速货运动车组不仅速度快，而且它的车厢可以适应 –25~40℃的温度，能对货物进行保鲜。时效性强，能够保鲜，再加上经济性以及大货车不具备的安全和绿色环保性能，高速货运动车组的优势不言而喻。

货运动车组为我国征战高速货运动车组技术领域打下了坚实的基础，相信在不久的将来，以高速铁路运输为骨干，环保、高效的中国特色综合运输一体化网络终将成为现实。

4.1.5 G7——数字货舱 2.0

4.1.5.1 技术简介

2020 年 10 月，物联网货运服务平台 G7 发布全面升级的 G7 数字货舱 2.0 版（见图 4-7）。经过两年时间发展，G7 数字货舱市场已扩展成包括快递快运、冷链、大宗三大版本的产品家族，累计交付 7567 台挂车，2020 年前三季度市场份额达到 58%，位于行业前列。G7 数字货舱 2.0 版已陆续实现 15 项物联网（IoT）功能，可称为智能货车，该系统还将持续迭代物联网技术，年均带来 20% 的物联网功能升级，同时年均降低 20% 的成本，推动物联网技术的普惠化。根据调查，通过应用激光雷达和 G7 自研的 3D 还原算法，以前需要 36 个传感器才能实现的货物体积测量，如今仅需 1 个传感器。

图 4-7　G7 数字货舱

资料来源：https：//www.g7.com.cn/equipment/g7-trailer。

为了让单车智能真正走向车队智能，除 G7 数字货舱相关技术应用外，还需要有相应的数字化管理方式升级，形成全新的智能资产管理平台。该平台通过与 G7 数字货舱物联网技术的协同，能在资产效益、资产监控、资产维护三个重要方面推进车队的数字化资产管理。在平台中可实现各个车辆的行驶里程、平均时速、闲置比例、行业水平对比等数据实时可见，而且能了解车辆的位置、轨迹、装卸货时长、货物装载体积等过程信息并即时记录，随时可以回顾追溯。

如图 4-8 所示，在升级的 IoT 功能中，包括头挂匹配、AI 量方、载重、防侧翻预警、振动监控、厢内监控、高精度定位、远程控制冷机，等等。其中最重要的是如何实现数字货舱功能，上述技术的综合使用可以帮助各参与方判断、提高车内的装载率。

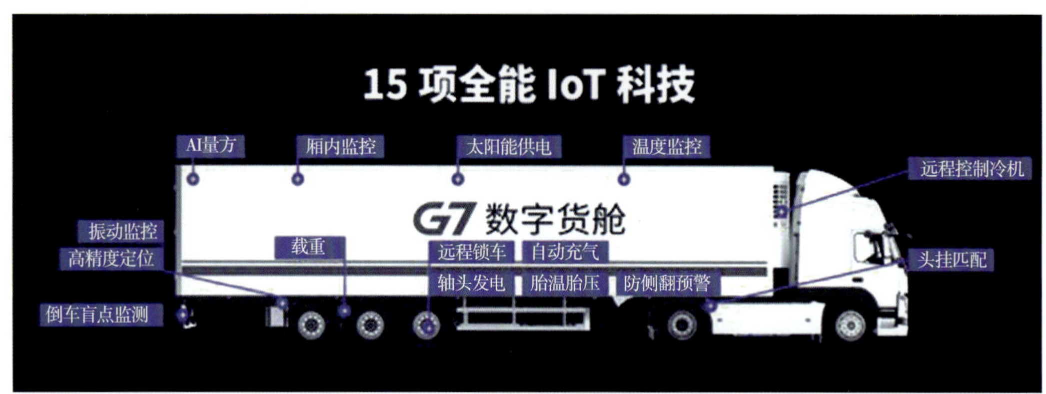

图 4-8　G7 数字货舱应用的 15 项 IoT 科技

资料来源：https：//www.163.com/dy/article/FPKPLC010511D36C.html。

1. 取代人工量方

G7 数字货舱可实时感知货物量方，通过自动记录量方变化曲线，时刻知晓装载率。另外，利用 AI 摄像头和高精度传感器对厢内货物进行三维图像建模，保证货物运输状态全程可视化，并智能管控装车过程和装车进度。

2. 优化装载率

利用传感器和多种 AI 算法，G7 数字货舱可对舱内货物进行高精度扫描和三维图像建模，自动计算货舱容积占用百分比。而且能够在装载过程中利用全 3D 方式呈现。通过更合理地利用货舱空间，保证车辆的满载率。

3. 全程可视化

利用厢内监控、振动监控等技术，G7 数字货舱云平台每 10min 自动上传舱内的高清图像信息，货物相关方可实时查看舱内货物状况，实时获取货物的量方变化曲线。同时利用高精度定位、胎温胎压，自动充气和防侧翻报警等功能，可实现误差 0.5m 内的高精度定位和危险报警，大幅提升车辆动态管理和货物调配的能力。

4. 装卸智能化

利用倒车盲点监测和头挂匹配等功能，在接近装卸区域时，G7 数字货舱能自动感知场站、月台位置，并按照指定路线准确停靠指定月台，然后开始装卸货；在与车头分离之后，G7 数字货舱还可以独立、持续地精准定位。

5. 产品绿色化，轻量化

利用太阳能供电、轴头发电以及远程控制冷机等，可以实现产品运输碳排放量更低，解决了卡车排放这个难题。另外还对于整体载重有所研究，主要是箱体材料轻量化。

4.1.5.2 成果述评

近年来，新一代技术与物流融合，特别是5G等技术的进步，发展智慧物流的进程不断加快，通过数据联通推动产业链企业间物流联动，极大提高了端到端的流通转化效率和物流生产协同效率。G7数字货舱一步到位，实现可视、安全、装配等多方面的全程数据监测，对于运输方来说提升了公司标准化管理能力，让小甩挂模式的效率和成本都有大幅升级，提升单车收入。

在利用G7数字货舱技术，较为重要的是实现可视化，可视化成为“人—机”协同物流系统优化的重要方面。通过G7数字货舱已有应用案例可知，可视化建设在作业指导、实时预警、快速改进、有效追溯等方面的改善起着重要的作用，给汽车物流运行的效率、柔性、可靠性带来优化，提高汽车供应链的竞争力。

G7数字货舱可实时获取车辆在整个运输流程中所处的状态，实现流向管控、实时称重、载重报警、装卸效率监控、大数据效益分析等智慧化管理功能，实现运输任务全流程的可视、可防、可管、可控，可以有效降低不必要的货损货差，提升货物运输的完好率。另外，防侧翻预警、振动监控与地图相结合，为司机提供易侧翻路段的行驶预警和运输过程中振动的记录和溯源，从而在经过相关路段时提示司机，减少事故的发生，提高运输效率。

现如今，交通运输行业的主要发展方向就是基于物联网的智慧物流，通过智慧物流系统，能够实现智能化、自动化服务。物联网带来的智慧物流革命远超G7数字货舱。正如当年集装箱的诞生一样，智能数字货舱的出现，在大数据、人工智能、物联网等热点技术的协力下，我们将再次迎来“集装箱式”的变革机遇。

4.1.6 鹿特丹 Naviporta 平台——电子提单 eBL

4.1.6.1 技术简介

2021年5月，新加坡港和鹿特丹港之间成功完成一项电子提单测试（即通过eBL进行所有权的数字转移）。测试结果表明，通过eBL进行所有权数字转移可以节省时间并提高效率。该项目合作伙伴日本Ocean Network Express集装箱运输公司（以下简称“ONE”）和Olam平台已经开展区块链试点方案，利用硬盘拷贝文档的方式，将提单文档处理时间从 6~10 天减至不到 24 小时。由全球四大集装箱班轮公司 Maersk、MSC、Hapag-Lloyd 和 ONE 联合成立的数字集装箱航运协会（DCSA）估计，若班轮运输行业有一半采用电子提单的话，则整个行业每年节省成本超过 40 亿美元。

这次的电子提单试验（见图 4-9）是在新加坡的 Dltledgers 区块链平台和鹿特丹的 Naviporta 平台上进行的，并得到新加坡资讯通信媒体发展管理局（IMDA）基于开放标准的 TradeTrust 数字实用程序的支持和认证。其中 Naviporta 平台依托鹿特丹港建立，目的是促进透明、高效和安全的物流和金融数据交换。总部位于新加坡的 Dltledgers 区块链平台则是位于新加坡，采用区块链分布式账本技术（DLT），适用于跨境贸易、贸易融资和供应链数字化管理，Dltledgers 平台开发了一种“即插即用”解决方案，用于数字化国际贸易和供应链。

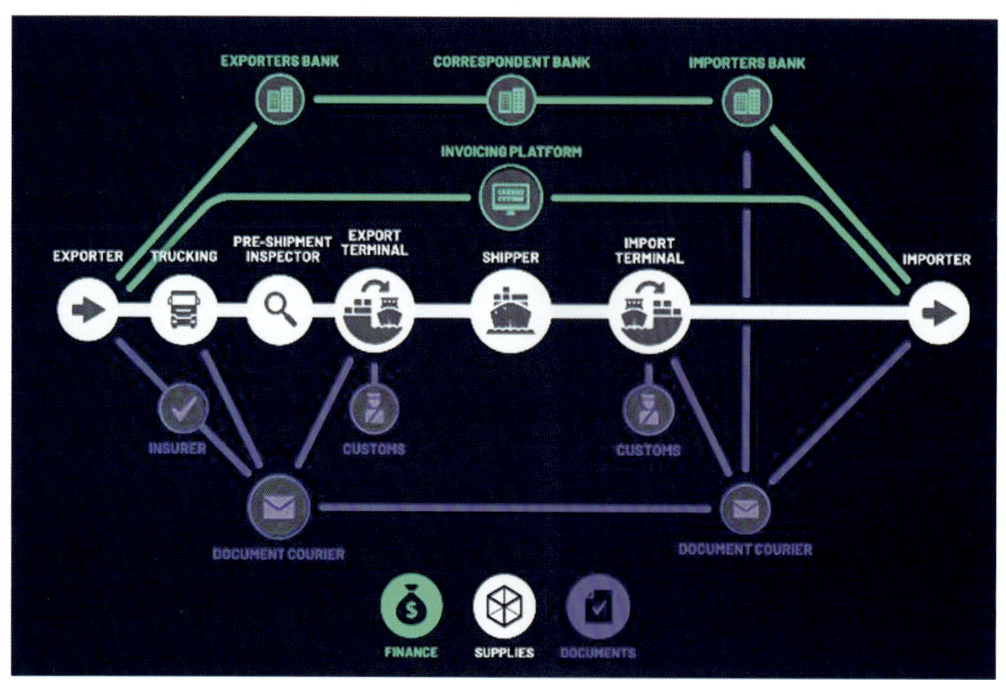

图 4-9 首个 eBL 及扭转示意

资料来源：https：//naviporta.com/#what_is_naviporta。

eBL 大规模推广的一个前提条件是各国现行法律体系下承认电子提单的合法性。现阶段，新加坡已经实施这一技术并完成相应法规的变更。早在 2019 年 3 月，荷兰银行通过基于区块链技术的 Deliver 平台从韩国运输了首个无纸化即时融资性和仓到仓服务的集装箱至鹿特丹港的三星 SDS 公司仓库。三者均表示区块链技术能够实现互操作性即多项控制系统的协调工作能力，并将其与集装箱跟踪系统相结合，使得所需货物的文件处理和融资可以通过可靠、安全且无纸化的方式完成。

4.1.6.2 成果述评

为了进一步推进智能化航运，实现数字化国际贸易，数字集装箱航运协会已经建议承运人、港口和码头运营商应该采用指定标准，但推进有一定难度。电子提单的数据在各用户平台扭转共享，必须确保跨多个用户界面的互操作性。提单即运输合同，需要监管机构认可。例如，海关需要在集装箱抵达前的检查及入境口岸的实体检查中，对电子提单进行双重检查；银行也需要参与，因为提单是进口商和出口商使用信用证和单据交易过程的一部分。如果出现损坏索赔，保险公司也需要介入。

鉴于班轮运输属于全球性运输企业，覆盖不同的司法管辖区，电子提单需采用联合国贸易便利化和电子商务中心（UN/CEFACT）建议的 eBoL 格式。但合同是在两个当事方之间订立的，每方都有权就语言和内容进行谈判，当逐渐转向无纸化交易的背后，在建立更正式的服务合同过程中，还要面对现货市场运价的不确定性。得益于 DCSA 覆盖了 80% 的整体国际班轮市场，如果标准得到实践，则班轮运输领域的管理将会更加透明化，整个领域具备确定性。

因此，使用 eBL 交易的好处是：可以通过标准化操作减少国际贸易延迟；提高交易透明度和可追溯性；降低欺诈交易和假冒产品的风险；简化货物索赔流程，降低成本；更好地保证贸易商品的原产地。但是，区块链技术仍面临一些其独有的法律问题，例如，区块链技术在不同法律体系中如何共享数据，可能导致跨境数据保护问题和反垄断规则的潜在问题；且区块链技术具有去中心化的特点，没有单一的控制实体，如果系统出现错误，责任划分存在争议。

无论如何，区块链还是为未来的全球班轮运输行业提供一种崭新的商业模式，是一种意义深远、更符合平台时代特征的重大变革，在加快提单流转、保障贸易安全、降低承运人运营成本、提升航运企业管理水平等方面所作出的巨大贡献不可否认。虽然区块链和电子提单相结合的技术目前仍停留在试验和研发阶段，距离其投入航运实务尚需时日，但这预示着电子提单大规模应用的时代不再遥不可及。

4.2 2021 年度中国物流与采购联合会科学技术奖获奖应用案例

4.2.1 城市建筑垃圾航运物流系统建设运行关键技术研发与应用

4.2.1.1 项目背景

城市建设拆建产生了越来越多的建筑垃圾，据粗略估算，我国每年的建筑垃圾生成量达到 20

亿吨，并以每年 10% 的惊人速度增长。上海作为全国经济发展较快的城市之一，近年来建筑垃圾的产生量增速迅猛，与其处置能力之间的矛盾越来越尖锐。2016 年 7 月，建筑垃圾非法倾倒至苏州太湖西山、南通海门的事件被曝光后，上海建筑垃圾全面停止外运，大量建筑垃圾滞留在中转分拣场所，数十万吨装修垃圾积留在居民小区，催生了建筑垃圾乱倒现象，给城市的生态环境造成了严重破坏。依照当前情况，预计未来三年，上海每年产生的建筑垃圾在 1.3 亿 ~1.5 亿吨，而目前处于备案有效期内的建筑垃圾消纳点只剩 300 余处，库容不足 1 亿吨，面对每年过亿吨的建筑垃圾产生量，单靠上海市范围内的消纳点、中转分拣场所和资源化处置，将无法应对。因此，亟须找到实践中能转运和消化如此庞大规模的建筑垃圾的方法和途径。

为防止渣土、建筑垃圾运输过程中出现违规倾倒等不良行为的再次出现，南汇东滩 N1 库区被选定作为工程渣土消纳场所之一，主要用于消纳轨道交通及越江通道工程等市重大项目产生的渣土。截至 2017 年 5 月，该库区已经具备了渣土接纳的条件，共可容纳约 3900 万方渣土。根据 N1 库区现有的容量，预计可以满足未来轨道交通及越江通道等市重大项目 3~5 年内的渣土消纳需求。上海市每天产生的近 40 万吨的建筑垃圾中，约 60% 都是通过水路运输，其余的近 40% 通过陆运。相比之下，对于上海市目前的轨道交通及越江通道工程等市重大项目产生的渣土生成体量而言，水路运输更能满足渣土运输高效、环保的要求，并不增加市政道路的压力。基于此，本研究开展了建筑垃圾生成量的大数据分析与预测、建筑垃圾回收航运物流网络优化、建筑垃圾航运新能源船舶研发、新型智能化建筑垃圾土壤快速筛查系统研发等城市建筑垃圾航运物流系统建设运行四大共性关键技术领域的突破研发，全面解决建筑垃圾的绿色、高效、智慧运输等现实难题。

4.2.1.2 项目科学技术内容

本项目着眼于线上和线下两个层面，主要研究内容包括：基于大数据的城市建筑垃圾航运物流需求分析（各建筑工地多源大数据采集、挖掘与分析）、城市建筑垃圾航运物流网络优化设计关键技术（网络节点选址、规模、布局，路线规划，船型选择，作业机械选择）、城市建筑垃圾航运新能源船舶研发、新型智能化建筑垃圾土壤快速筛查系统研发等，项目形成了一系列研究成果。

1. 研究内容

针对城市建筑垃圾产量可利用数据量少、数据非线性程度高等特点，从有限样本点的单变量时序数据出发，提出了基于三层长短期记忆（LSTM）网络的时间序列预测方法，包括 Dropout 层与网络结构设计、网络训练与预测过程实现算法等。通过含 Dropout 层的 LSTM 网络对有限样本点的单变量时间序列进行预测，通过添加 Dropout 层有效地解决了常规 LSTM 模型容易产生过拟合的问题，提高了预测模型泛化能力，该方法可有效解决城市建筑垃圾生成量预测难题。

提出了以陆运—航运—陆运“接力运输”方式为基础的城市建筑垃圾回收航运物流网络优化理论和方法。受城市经济生活发展的影响，建筑垃圾生成点的垃圾生成量（需求）呈现出不确定性和随机性等特点，运用随机优化理论和方法，提出了建筑垃圾回收航运物流网络设计的两阶段随机优化模型，第一阶段确定源头码头的选址和泊位的租赁个数，第二阶段决策建筑垃圾的运输组织。提出了基于 Benders 分解的建筑垃圾回收航运物流网络设计问题的精确求解算法。

研发了专门用于建筑垃圾运输的 1000 吨级混合动力散货船。研发了一套基于并联式混合动力系统，该动力系统首次用于上海市建筑垃圾运输船。与常规柴油机动力船舶不同，该混合动力散货船是黄浦江上第一个带有电池动力的船舶。建筑垃圾运输船采用双螺旋桨形式，动力来源为主机与推进电机。系统配置了 1 台 64kW 发电机组、1 套 315kWh 锂电池组、2 台 184kW 柴油主机和 2 台 80kW 轴带电机，分为左右舷配置，电池组可以满足 4 小时航行时间。船舶的设计动力既可以使用主机驱动螺旋桨（也称为“主机模式”或“PTH 模式”），也可以通过锂电池组或发电机组带动轴带电机驱动螺旋桨推进船舶航行（“PTO 模式”），同时兼备 PTO 模式与 PTH 模式，突破对传统轴带发电机型号和转速的限制，电能质量高，实现船舶的经济航行，节约燃料，提高船舶航行的环保性与安全性。

新型智能化建筑垃圾土壤快速筛查系统的研发与应用。研发的系统由一台土壤采样机器人（四轴机器人）、采样器、重金属检测仪、有机物检测仪、检测仪支架与进给装置、车辆号牌检测与识别装置、车辆出场门禁装置、中央监控系统、液压或气压等其他辅助装置构成。机器人、支架等设备安装于钢筋混凝土地面上。该系统采用的专利设计鸭嘴形采样器适用于各类性质的渣土，随机位置采样，适用于各类车型，首次完成 XRF（X-ray Fluorescence，X 光荧光分析）重金属检测仪数据与网络系统的连接，实现渣土环境质量的实时检测，能够在 1 分钟内完成采样、检测和数据的传输，利用远程数据管理软件进行渣土检测数据的统计与分析，实现了工业物联网技术在渣土检测过程中的创新应用。

2. 解决的关键技术问题

（1）提出基于三层长短期记忆网络（LSTM）的时间序列预测方法，包括 Dropout 层与网络结构设计、网络训练与预测过程实现算法等。

（2）提出以陆运—航运—陆运“接力运输”方式为基础的城市建筑垃圾回收航运物流网络优化方案，建立了建筑垃圾回收航运物流网络设计的两阶段随机优化模型，提出了基于 Benders 分解的建筑垃圾回收航运物流网络设计问题的精确求解算法。

（3）研发了专门用于建筑垃圾运输的1000吨级混合动力散货船和一套基于并联式混合动力系统。船舶的设计动力既可以使用主机驱动螺旋桨，也可以通过锂电池组或发电机组带动轴带电机驱动螺旋桨推进船舶航行，同时兼备PTO模式与PTH模式。

（4）研发了新型智能化建筑垃圾土壤快速筛查系统，首次完成XRF重金属检测仪数据与网络系统的连接，实现渣土环境质量的实时检测。

4.2.1.3 小结

本项目研究成果涉及建筑垃圾回收航运物流体系建设运行的大数据分析、网络优化、新能源船舶研发、新型智能化建筑垃圾土壤快速筛查系统研发四大技术领域的突破和应用，体现了重要的理论价值。

研究成果在上海市南汇东滩N1库区渣土消纳处置项目建设运营中得到示范应用，促进了上海市原有的建筑垃圾回收航运物流体系的工作顶层设计的完善和建筑垃圾处理工作的全面推进，为上海市南汇东滩N1库区渣土消纳处置项目建设运营提供全方位的技术支撑，全面提升上海市南汇东滩N1库区渣土消纳处置项目的航运物流体系保障能力、及时响应能力和管理服务水平。

此外，本研究成果将工程渣土处置和南汇东滩围海造地两者结合起来，不仅解决了围海造地工程沙源紧张的问题、大大降低了围海造地的建设成本，还节约了用于消纳堆放渣土的土地资源，提升了资源综合利用水平。同时，本研究在解决建筑垃圾转运问题时，充分考虑并发挥了水路运输运量大、运输效率高、环境影响小的优势，极大地缓解陆上交通压力，为政府管理打造更优化的监管平台，满足了城市绿色发展的需要。

4.2.2 基于北斗的中国铁路集装箱追踪系统关键技术研究与应用

4.2.2.1 项目背景

中国铁路集装箱运输始于1955年，经过60余年的发展，已经取得了一定的成绩。近几年来，随着货运组织改革的深入推进，中国铁路集装箱发送量增幅较大。2020年国铁集团集装箱日均装车达到3.06万车，累计发送货物4.58亿吨、同比增长37%，其中，35吨敞顶箱完成货发量2.64亿吨，同比增加1.14亿吨、增长76.5%，占集装箱总增量的90.8%，在推进公转铁、散改集中发挥了突出作用。中欧班列运量从2017年的31.7万TEU，增长到2020年的113.5万TEU，年均增长53%，重箱率从2017年的86.9%提高到98.4%，增加11.5个百分点，回程占比由2017年的53%

提高到 76%，增加 23 个百分点。

为了满足铁路集装箱经营管理的需要，中铁集装箱运输有限责任公司建设了全路集装箱追踪管理信息系统。该系统依托铁路车号自动识别系统实现了集装箱在运输途中节点式追踪管理，一定程度上提高了铁路集装箱经营管理水平。但该系统受制于车号识别系统地面识读设备布设密度的限制，不能连续动态对集装箱位置信息进行追踪，无法掌握集装箱离开铁路线路后的具体位置信息，无法追踪公铁联运、水铁联运及中欧班列出境后的集装箱位置信息，此外站内作业信息依靠人工录入，导致箱车匹配信息差错率高。因此该系统已无法满足现代物流对货物实时追踪的要求，迫切需要采用物联网、大数据等现代信息技术手段，实现铁路集装箱在全球范围内的实时、准确定位。随着北斗卫星定位技术和物联网应用发展，采用基于北斗卫星定位技术的有源追踪定位模式是整个社会物流追踪监控的发展方向。

4.2.2.2 项目科学技术内容

本项目立足构建中国铁路集装箱北斗卫星定位追踪运营管理体系，将北斗卫星定位技术应用于中欧班列集装箱运营管理中，设计开发了基于北斗卫星定位的集装箱定位终端装置，基于 GIS（Geographic Information System，地理信息系统）技术建设了集装箱定位信息系统；建立了中欧班列及国内铁路货运 GIS 电子地图，为国内首张中欧班列铁路电子地图；采用北斗卫星定位技术实现集装箱定位追踪、运营管理，建立了基于“北斗 + 物联网”的安全监管及运输组织管理新模式，构建了中国铁路集装箱北斗卫星定位追踪运营管理体系。

1. 技术创新方面

设计开发了基于北斗卫星定位的集装箱定位终端装置，应用于中欧班列集装箱运营管理中。基于我国北斗卫星定位系统，设计了集装箱定位终端装置，以北斗卫星定位技术为主，全面兼容 GPS（Global Positioning System，全球定位系统）、格洛纳斯和 LBS（Location Based Services，基于位置的服务）等多模混合定位模式，根据信号覆盖自适应选择最优定位模式，精准迅速。该装置功能丰富，具有实时北斗卫星定位、电压检测、智能休眠唤醒、数据上报、远程控制、固件升级、异常拆除报警等功能，支持对远程设备的定位间隔、数据通信以及对设备固件进行配置和升级。设计支持 2G/3G/4G 全网通及中欧班列沿线国家的网络漫游，采用高可靠的工业设计和 IP（Ingress Protection）66 密封防护等级，适应中欧班列运输环境，可实现集装箱在全球范围内的位置查询服务，设计寿命超过 5 年。

提出动静感知间隔休眠和控制连接时间的设备低功耗设计方法。首先，为提高产品使用寿命，设计了集装箱定位终端装置间隔休眠唤醒的定位方式，从而极大减少电能的消耗。其次，通过定位终端装置智能感知集装箱运行静止状态，在静止时采用长休眠间隔、在运动时采用短休眠间隔模式，从而减少定位次数以提高低功耗水平。最后，在定位终端装置的工作运行中建立各个环节的连接时间（超时）控制，创新通过控制搜星定位时间、数据传输时间超时等设计方法，精准控制数据通信过程，减少不必要的能量消耗。

研究设计了 NFC、蓝牙融合的设备激活绑定方案。集装箱定位终端装置采用无外部机械开关设计，运用可触发式 NFC 设计方式起到软开关的作用，有效提高了密封防护等级和防破坏能力。通过扫读可触发式 NFC 可以唤醒设备或者对设备进行检测。在设备安装时也可以使用手持机扫读 NFC 激活定位终端进行定位工作，启动蓝牙向定位终端录入集装箱信息进行匹配绑定，并上传至信息平台，代替了传统手工填报方式，实现了匹配绑定的全流程智能化作业，保证了匹配关系唯一性。

2. 信息集成创新方面

（1）基于 GIS 技术建设了全路集装箱定位信息系统平台（见图 4-10），平台满足至少 50 万只集装箱定位终端的并发连接大容量、高可靠性需要。平台提供专业详细的可视化位置服务，实现对定位终端健康状态监控在内的全生命周期管理，基于定位信息海量数据提供的集装箱运营大数据统计分析。

（2）建立了中欧班列及国内铁路货运 GIS 电子地图。针对现有铁路行业缺少完整准确的全国、中欧铁路货运线路地图数据的现状，本项目分析、提取了集装箱定位终端大量实际运行轨迹，采用卫星地图标绘的方式建立了中欧班列及国内铁路货运 GIS 电子地图，系统统一完善了国际铁路车站的编码方式，成功运用于中欧班列集装箱运输管理服务中，满足了中欧班列、中亚班列在途运输安全监管的需要。

（3）全面系统地建立了铁路基站位置解析库，提高了集装箱的基站定位精度及覆盖范围。基站定位作为在铁路运输过程中无卫星定位信号情况下的一种补充方式，建设铁路基站位置解析库对于该项目具有重要意义。本项目采用定位终端装置采集卫星定位信息，联网注册基站信息进行匹配并添加至平台基站库，以及通过请求第三方的基站库进行查询筛选并判断验证基站信息准确性相结合的三种方式，优化了基站定位解析算法，全面系统建立了铁路基站位置解析库，提高了集装箱的基站定位精度及覆盖范围，满足中欧班列沿线国内外基站定位数据的解析需求。

4.2.2.3 小结

相比于传统的采用 RFID（Radio Frequency Identification，射频识别）、OCR（Optical Character Recognition，光学字符识别）等被动式定位追踪方式，采用有源追踪北斗卫星定位模式实现了集

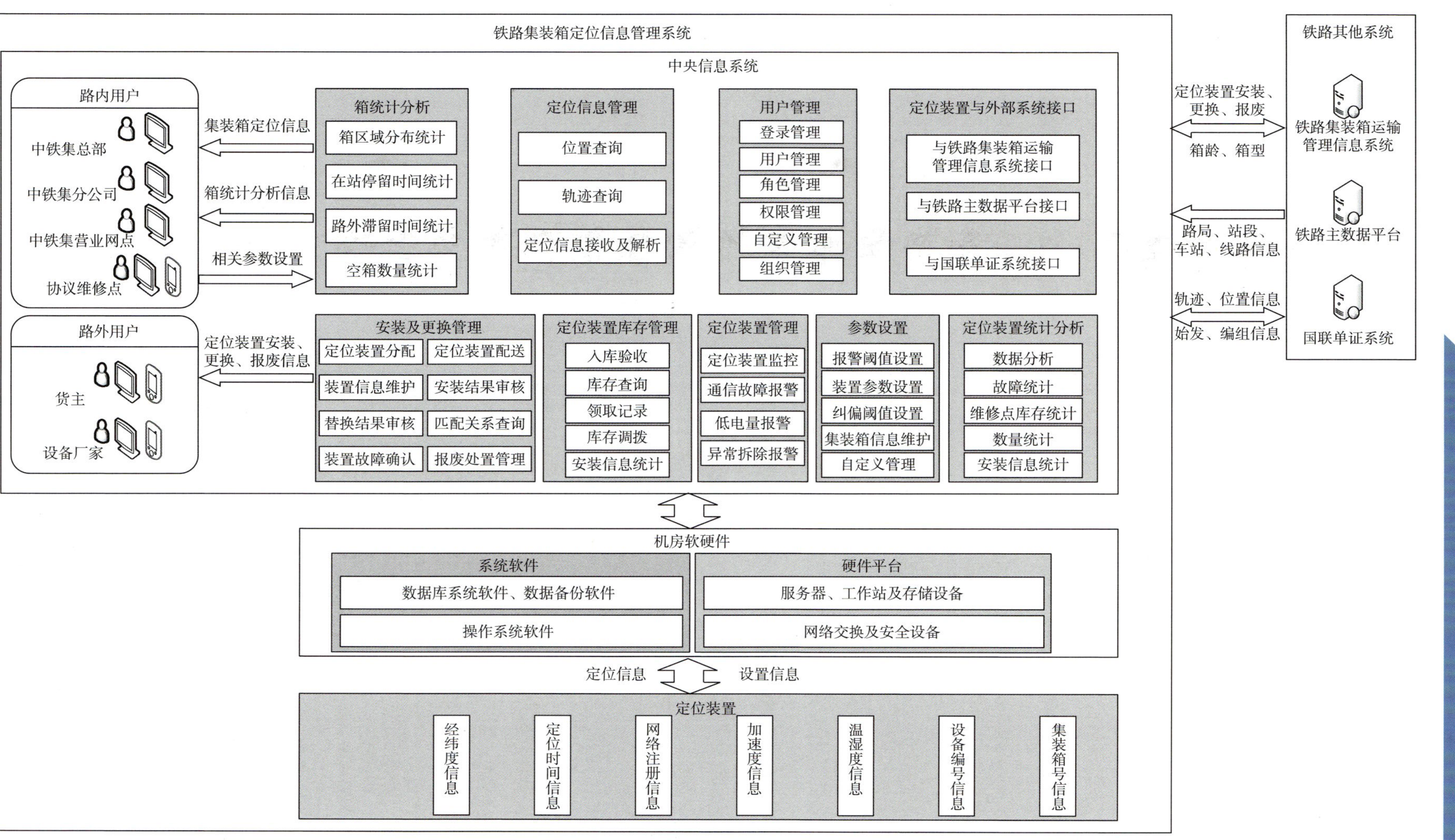

图 4-10 全路集装箱定位信息系统平台

装箱追踪管理、资产管理和运营管理，该模式具有投资小、见效快、应用范围广等特点。对于集装箱箱主或资产所有者可以基于北斗卫星定位实现集装箱分布、集装箱资产盘点、集装箱在站停留分析、集装箱路外滞留分析、集装箱合理运输区域检验、集装箱运行路径异常检测分析等管理，建立了基于物联网的安全监管新模式，构建了中国铁路集装箱北斗卫星定位追踪运营管理体系。

该项目成果作为“中欧班列集装箱多式联运信息集成应用”项目重要组成部分入选国家发展改革委、交通运输部“第三批多式联运示范工程”。依托在中欧班列铁路集装箱上安装定位终端装置，可有效打通中欧班列国际联运全链条的业务流程，进而建成中欧班列集装箱多式联运信息集成应用管理体系，可以促进中欧班列快速高效发展以及推动集装箱多式联运应用的产业化发展。

项目成果从 2017 年 11 月开始在中欧班列集装箱上安装试用，2018 年 11 月开始大规模安装应用，2019 年 10 月集装箱定位信息系统平台正式投入运用。截至目前，定位装置已在 3700 只中欧班列铁路专用箱、10 万只铁路通用箱上安装应用。运用实践示范表明，采用基于北斗卫星定位技术的有源追踪定位创新模式能够为中国铁路集装箱追踪管理发展提供关键技术支撑，有利于推进集装箱多式联运，有利于集装箱经营管理，有利于降低物流成本、促进节能减排，在社会和行业中起到了良好的运营示范效果。

4.2.3 面向精益生产的智慧质量管控关键技术研究及应用

4.2.3.1 项目背景

智能制造是基于物联网、大数据、云计算等信息技术，通过对多维度信息、数据的采集与分析，构建全流程整体模型，并自主辨识与修正，实时验证、监控生产系统，使其实现自主运行的智能化信息物理融合系统。我国高端装备创新工程较为落后，难以适应创新进展和满足市场需求，造成装备制造在质量一致性、稳定性、可靠性、安全性和耐久性等方面与国外同类产品差距较大，质量品牌竞争力不强，装备制造业标准和质量的整体水平亟待提升，迫切需要组织实施装备制造业精益化和质量提升系统化，需要通过重点推进工业基础、智能制造、绿色制造等标准化和质量提升工程，充分发挥工业大数据和互联网在制造业质量发展的支撑和引领作用，推进装备制造业转型和质量升级。因此，需要突破面向高性能装备集成制造平台的高效质量追溯技术瓶颈。

4.2.3.2 项目科学技术内容

本项目通过创建面向工业制造过程的大数据模型，实现了质量管控与溯源对数据任意维度的按需切片，并提出了面向精益制造过程的质量信息交互模型、建立了面向全生命周期的柔性质量管理域体系和构建了面向精益生产的质量溯源大数据分析平台。

1. 创建面向工业制造过程的大数据模型

基于结构化、半结构化、非结构化的大数据多源异构特征，构建语义网分析框架，建立多源异构大数据本体模型，解决多源异构数据之间的语义异质性，为大数据提供统一规范的语义描述框架。该方案相比其他方法的优势在于，借助语义网技术中本体模型所提供的对语义不一致的统一描述，可实现将制造全生命周期的工业大数据资源在统一描述框架下进行高效、安全、实时的整合、交互、共享和使用。围绕制造本体（即本领域内共识性的概念或对象，如设备、物料、工艺等）和本体关联特性划分属性特征，抽象出多维度语境下的概念信息，建立数据集与概念集之间的有效映射，形成面向全局的规范化、形式化和共享的语义描述。

面向大规模精益生产的产品质量大数据模型由若干质量管控要素的数据异构类型组成，主要为数据语义异构、数据类型异构、数据库系统异构和平台异构，其中数据类型异构包含结构化数据（如供方质量分类数据、设计质量优化数据和采购质量优化数据等）、半结构化数据（如产品缺陷管理数据、工装质量管理数据、客户质量管理数据）和非结构化数据（如外协质量优化数据、实验质量监控数据和工艺优化管理数据等）；工业制造过程大数据由设计数据、产品加工数据、价值链数据和测试数据等组成，并分别形成设计数据本体模型、加工数据本体模型、测试数据本体模型、质量检测数据模型、价值链数据模型。面向工业制造过程的大数据模型示意如图 4-11 所示。

通过面向复杂制造网络环境的异构质量数据实时采集、可信存储与高效访问，设计数据高度集成、应需分享、高效分发的信息系统中台，打造分类合理、主题明确的制造大数据仓库，实现精益生产管控与溯源对数据任意维度按需切片。

2. 构建面向精益制造过程的质量信息交互模型

以精益制造过程的质量大数据为基础，构建过程质量管理系统，并通过融通互联引擎和过程质量管理系统联动协作，结合数据集合优化与重组，提升数据驱动对质量检验管理、质量问题诊断、质量策划管理和质量问题追溯能力集，最终提升面向数据驱动的质量缺陷响应效能，解决复杂制造环境下的精益生产装配标准、装配状态、装配能力、装配成果等过程产生的高维数据（人、机、料、法、环单独或相互对质量产生影响）、多源数据（质量数据生成和采集方式不同造成多样数据源）、异构数据（数据存储格式和数据语义异构）和差异化度量数据（生产采集与存储的噪声数据、缺陷数据和误操作数据与期望数据的偏移量）等导致难以实现精益制造过程的质量信息高效交互难题，提高了质量数据利用效率和共享效能。

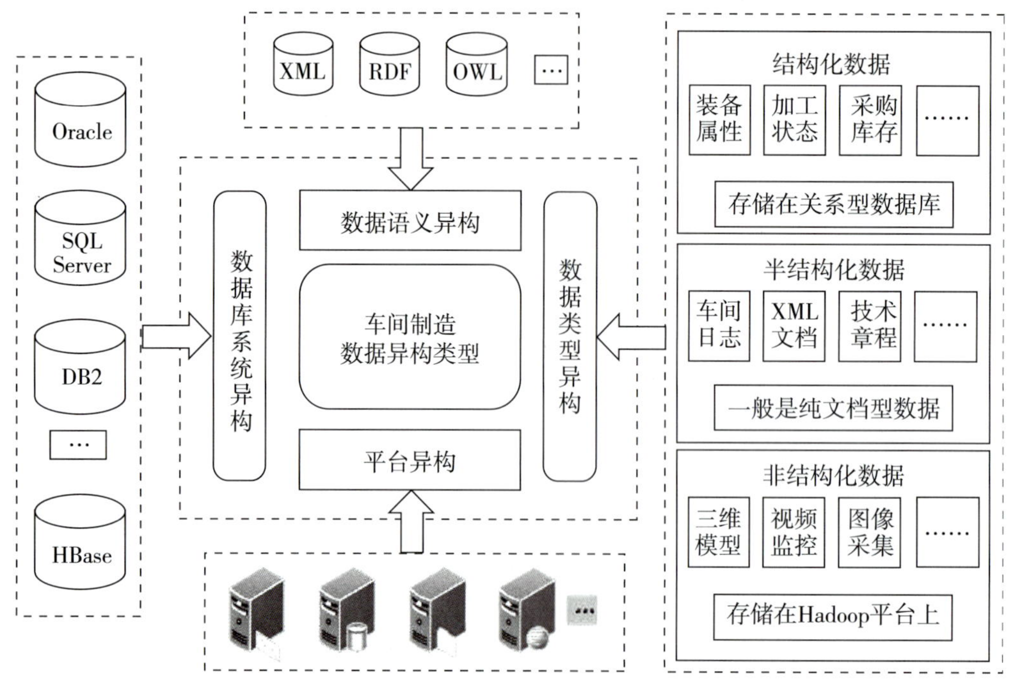

图 4-11　面向工业制造过程的大数据模型示意

融通互联引擎协助过程质量管理系统完成相关制造过程数据的交互，融通互联引擎通过企业内部专网将管理领域的 SRM（供应商关系管理系统）、CRM（客户关系管理系统）、MES（制造执行系统）、PLM（产品生命周期管理系统）、ERP（企业资源计划系统）、DCS（集散控制系统）、DMS（数据库营销系统）、PDM（产品数据管理系统）、CAD（计算机辅助设计系统）、CAM（计算机辅助制造系统）、CAPP（计算机辅助工艺规划系统）、CAE（计算机辅助工程系统）、SCM（软件配置管理系统）等各种 IT 系统，以及通过工业物联网将操作执行领域的 SCADA（数据采集与监视控制系统）、DCS（分散控制系统）、MOM（制造运营管理）、PLC（可编程逻辑控制器）、RTU（远程终端控制器）、HMI（人机接口）、传感器、机器人等各种 OT 系统、物理设备相互连接，以克服企业在实现工业全要素、全价值链、全产业链的互联互通、互操作时数据难以集成的技术瓶颈。

过程质量管理系统由系统支撑层、数据支撑层、业务逻辑层和用户层组成，其中数据支撑层包括本地数据库与异地数据库集合，主要为应用提供数据支撑，协助应用服务器和数据库管理系统完成并发操作、数据库恢复；业务逻辑层包括供应商质量管理、质量信息管理、物料质量管理和协同监控管理，通过接口响应表示层发起的请求，完成相应的业务处理并通过相应的接口完成对数据的操作，并对业务逻辑和业务实体进行封装，为用户层提供具体业务功能，其中大量实体对象在业务处理中将各种数据存储到数据库中，或者实时地从数据库中获取信息重新装配对象，实现数据的存储，并建立相应的逻辑分区，如供应商数据、物料基本信息、质量信息等；用户层实现用户交互和数据表示，为处理收集数据，向业务逻辑层发出请求，并显示处理结果。系统支撑层包括操作系统和中间件，主要为系统的应用软件提供运行环境，负责管理系统的软硬件资源和提高系统资源的使用效率。面向精益制造过程的质量信息交互功能示意如图 4-12 所示。

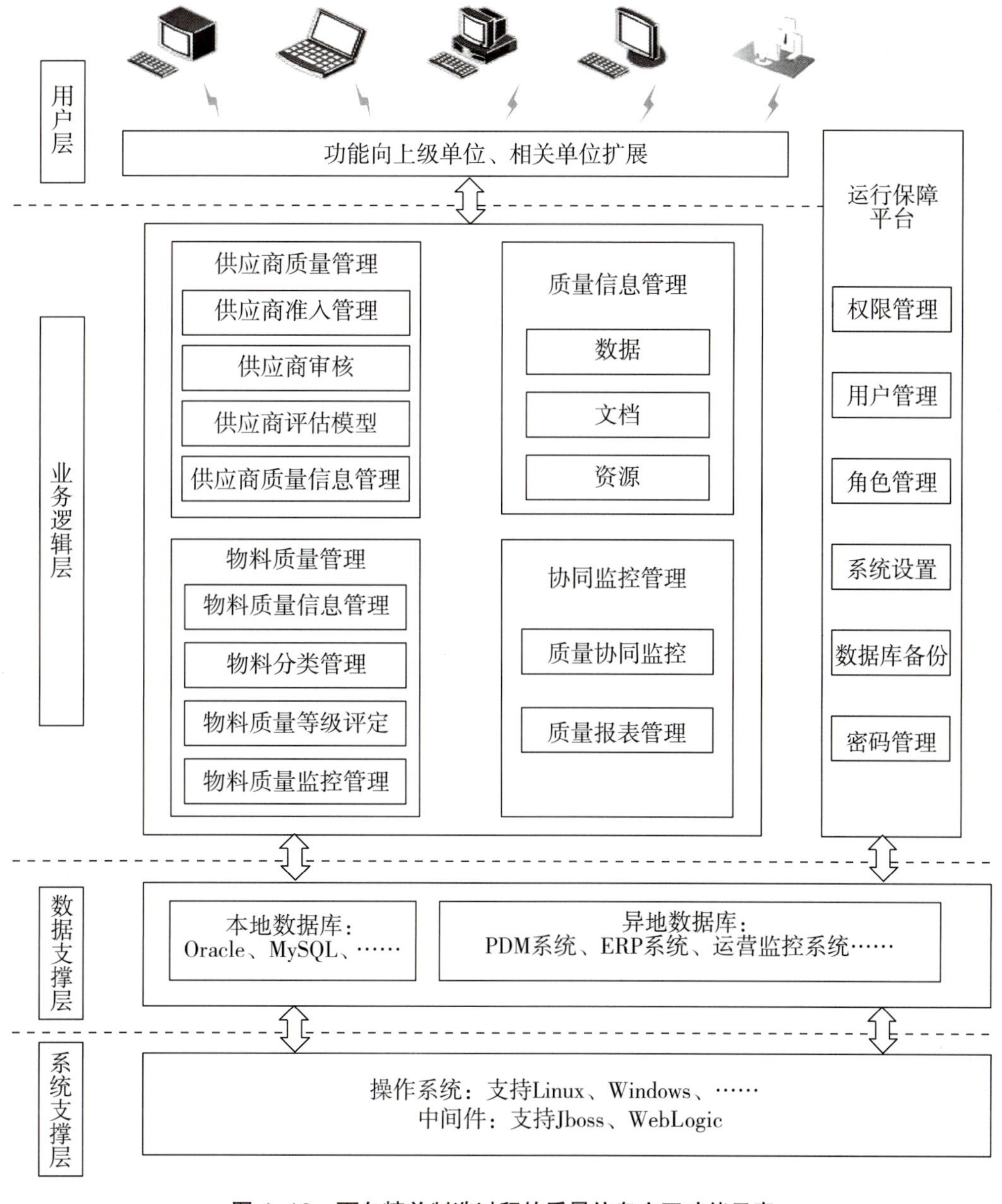

图 4-12　面向精益制造过程的质量信息交互功能示意

3. 建立面向全生命周期的柔性质量管理域体系

面向全生命周期的柔性质量管理域体系包括协同质量管理模型和管理壳信息模型，如图 4-13

所示，首先建立包含设计域、制造域、服务域和综合业务域的协同质量管理模型实现精益生产流程的归属质量管理，并构建包含目录清单和组件管理器的管理壳信息模型，通过协同质量管理模型和管理壳信息模型实现归属质量关联元素集的分割、重组与优化，满足支撑生产业务、设备物联和外部跨界的全生命周期（产品需求、设计、研发、工艺、制造、供应、库存、服务和运维、报废或回收再制造）的高通量、多尺度和时序性质量数据精确描述要求，提升了生产制造过程质量变异波动性的稳定性与可预测性能力，强化精益生产的故障诊断与预测水平。

管理壳信息模型将协同质量管理模型的各质量关联元素进行物理抽象与数据分类。协同质量管理模型在横向上根据其生命周期将其划分为设计域、制造域、服务域和综合业务域。在纵向上按照对供应商参与生产过程进行等级划分，并从合同信息、采购质量信息、供应商信息、供应商评价等方面来对供应商的质量信息进行划分管理，在每一个阶段对应着该类别质量管理信息，而且在每一阶段均有相应封装单元，它包含质量信息模型、信息操作者等信息。

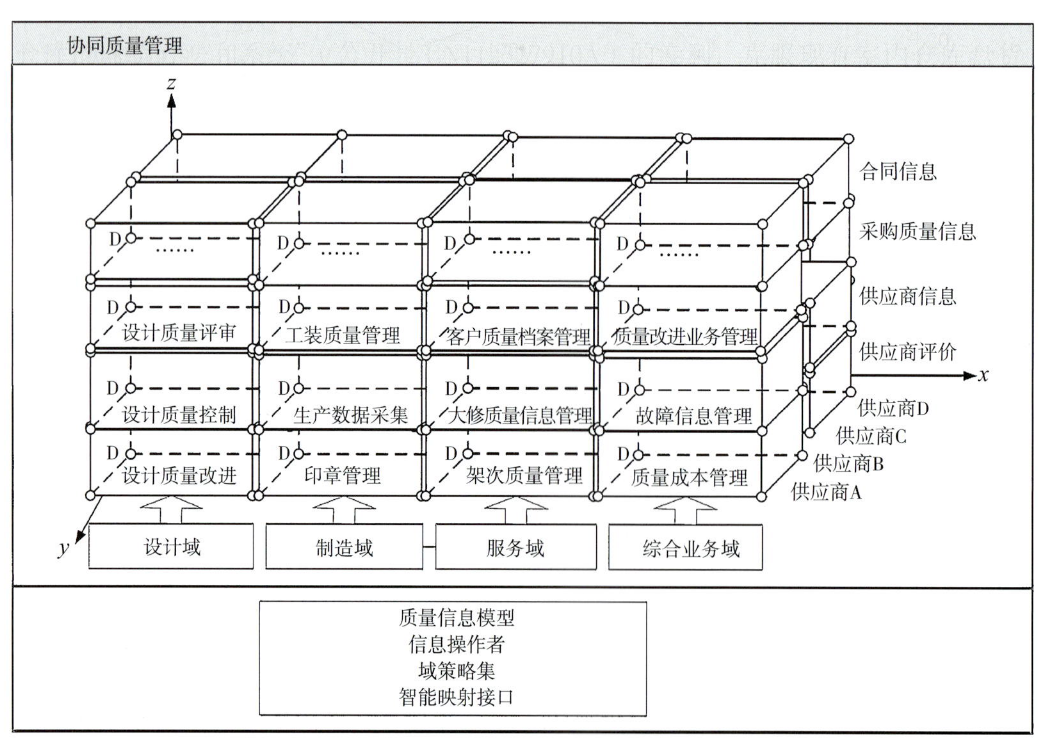

图 4-13　面向全生命周期的柔性质量管理域示意

管理壳信息模型为质量关联元素的抽象化的信息模型，由目录清单和组件管理器两部分组成，目录清单是各归属质量关联元素的信息模型的目录，包括各信息模型的共性单元信息和各模型之间的耦合性度量，以及与质量评估能力相关的信息。组件管理器使各共性单元信息具备基于 SOA 的信息通信能力，以便外部可以访问模型的目录清单和资产的技术性功能，目录清单中的若干质量域子模型（每一子模型包括对应的数据元素和关联质量特征分类）通过组件管理器实现生产过程中的共性特性合并与异性特性的分割和重组。

4. 构建面向精益生产的质量溯源大数据分析平台

质量溯源大数据分析平台通过对精益生产过程参数进行分析评估，探究生产排程及调度、故障诊断与预测过程能力指数之间的关联性，实现跨平台 / 跨区域的制造链全局质量性能可控，并且将数据驱动的质量模式识别模型与知识驱动的专家系统结合，关联拓展质量特征值（质量稳定性、期望合格率和质量失效可控能力）、质量成本值（质量管理成本、质量检测复杂度和质量可追溯域）和质量影响值（零部件对全局质量影响控制能力、零部件质量关联影响度），实现制造链、供应链、产业链和生态链的资源协作效能与质量管控能力的共向提升。

由于精益制造对复杂质量数据的质量追溯需求高，数据以设备、流程、产线、用户等全局本体模型的形式存储，需建立面向个性化需求的产品质量分析与应用平台，其由数据存储层、数据获取层、业务逻辑层和展示层构成，数据存储层包含生产数据库、特征知识库、数据模型库、历史报告库等，数据获取层包含 JDB、序列化文件管理、HDFS 资源管理和报告文件管理，业务逻辑层包含业务逻辑处理、任务调度系统、制造链数据集成与柔性制造专网资源管理等功能，展示层包括多维度 / 粒度数据分析、长期规模数据演化判决、单参数统计分类、多参数对比分析与融合、短期粒度数据预测和有效参数属性筛选等。该平台具有数据集成与共享、挖掘与分析、预警与展示等功能，实现数据类型异构、数据库系统异构、数据语义异构和平台异构的透明与统一，基于多模态数据的统一管理、无序数据片段的全局建模，设计质量分析、预测、生产过程优化及质量溯源等工具模型，对制造过程质量大数据进行分析、应用及个性化呈现，如图 4–14 所示。

4.2.3.3 小结

该项目实现了制造质量缺陷的衍生代价与风险分级预警，提升了质量故障应急处置能力，最终增强了面向数据驱动的智能制造质量全局规划效能，对跨平台 / 跨界域 / 跨应用的精益装备生产与制造的协同质量检测与管理能力提升具有重要推广价值。项目获得了国家发明专利授权 35 项，制定国家标准 15 项、国家行业标准 8 项，发表 SCI/EI 论文 50 篇，软件著作权 23 项，德国红点奖 4 项，重庆市高新技术产品 12 项。近三年，该项目成果产生直接经济效益 4.6 亿元，新增利润 0.84 亿元，间接经济效益超过 30 亿元。

相关技术产品已广泛应用于中船重工、广州汽车集团、浙江吉利汽车集团、中国核工业集团等 40 余大型装备制造企业的智能制造产品质量管控与质量追溯中，一方面，提升了用户满意度和个性化产品的质量保障水平，取得了显著的经济和社会效益，为我国高端制造企业在产品质量精细

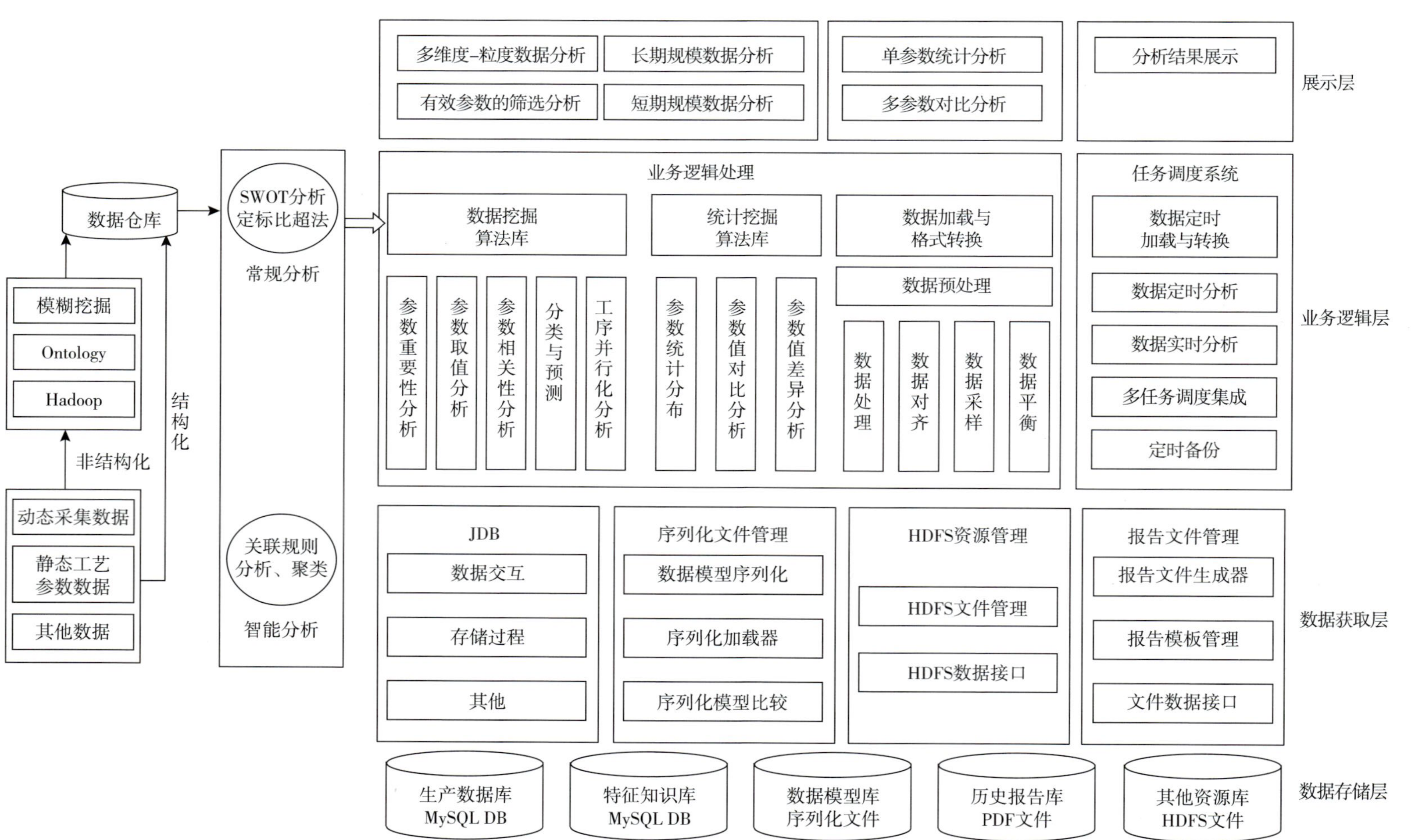

图 4–14 面向精益生产过程的质量溯源大数据分析平台示意

化管控与个性化品控追溯等方面的革新与推广具有典型示范意义；另一方面，通过推广相关技术产品，聚集装备制造业领域标准化和科技创新资源，为先导性、创新性技术标准研制、应用与国际化提供服务，促进企业创新成果的转化应用，并开展国家高端装备制造业标准化试点，建成了我国首套符合国际 GS1 标准规范的汽车零部件质量追溯系统，推动创新成果应用和产业化，提升全社会推动质量品牌的积极性，形成推动质量品牌提升的叠加效应和强大合力，加强并推广了“中国制造”品牌形象。

物流行业热点进展 5

2020年，全球范围内暴发了新型冠状病毒肺炎疫情（以下简称“疫情”），疫苗是解决疫情的重要手段，若想对新冠肺炎病毒进行有效的全球“群体免疫”，就需要在尽可能短的时间内对多达55亿的人口进行疫苗接种。由于疫苗的运输需要特殊的设备和严格的温度要求，必须采取冷链进行运输，这对全球冷链物流而言将是巨大的挑战。面对即将进行的大规模和大范围的新冠病毒疫苗运输，如何提高疫苗运输的时效性和保证疫苗的质量就成为迫切需要解决的问题。同时，在疫情影响下，以直播带货为代表的新兴电子商务业态迅速崛起，带来交易上的巨大便利。在直播经济新模式下，针对直播电商服务的物流迎来了机遇与挑战，而与之相匹配的物流模式也逐渐显现。

5.1 后疫情时代的疫苗冷链物流机遇

根据世卫组织实时统计数据，截至欧洲中部夏令时间2021年7月14日17时05分，全球累计新冠肺炎确诊病例187519798例，累计死亡病例4049372例，疫苗接种3400884367剂。在疫情形势波动反复的情况下，除了常态化做好疫情防控措施外，加快新冠病毒疫苗的普及接种并建立有效的免疫屏障至关重要。

截至2021年7月14日，我国各地累计报告接种新冠病毒疫苗14亿剂次，全球累计接种34亿剂次。全球多地新冠病毒疫苗大规模接种的背后，是对疫苗冷链的巨大需求，这也给疫苗冷链产业的发展带来全新的机遇与挑战。

5.1.1 疫苗冷链物流发展现状

完善的疫苗冷链需要可靠的冷链设备做支撑。具有高性能、高可靠度的冷链设备，对于保证疫苗的可用性、安全性和有效性起到至关重要的作用。疫苗冷链设备包括疫苗冰箱、疫苗冷库以及保温箱、冷藏车等疫苗运输设备，作为高端医疗科技产品，其目前尚属于很小的细分市场。但随着各国都在加快疫苗接种的速度，传统医药物流企业将迎来创新和变革，疫苗冷链物流行业也将面临新的机遇和挑战。

5.1.1.1 疫苗冷链物流市场前景广阔

根据自媒体人物流梁言统计，全球新冠病毒疫苗市场规模可达8800亿元，按7%的疫苗行业物流费率估算物流规模约620亿元。对于国内市场而言，从供给产能估算中国新冠病毒疫苗物流规模约 140 亿元；按照目前实际订单需求预测规模达 88 亿元，其中国内需求占比约 50%，海外需求主要是发往北美、西欧、南美及东南亚地区的灭活疫苗。

5.1.1.2 疫苗物流迎来新的政策机遇

1. 政策助推基础设施布局逐渐完善

2020 年 7 月，《财政部 国家卫生健康委 国家中医药局关于下达 2020 年公共卫生体系建设和重大疫情防控救治体系建设补助资金预算的通知》发布，总预算达到 149.236 亿元，用于支持新冠肺炎等重点传染病监测和能力建设、疫苗冷链能力建设、国家卫生应急队伍能力提升、基层疫情防控能力提升、基层呼吸系统疾病早期筛查干预能力提升等方面，明确各省、市、自治区冷库、冷藏车、冷藏箱、医用冰箱、温度监控、扫描枪等设备的数量要求。在国家政策支持下，备受关注的疫苗冷链物流体系建设将会迎来转折性的改变。

疫苗冷链物流属于医药冷链物流体系的分支。根据中物联医药物流分会资料，截至 2020 年年底，医药物流仓储总面积达到 2108 万平方米，其中冷藏库面积为 88.6 万平方米，约占医药物流行业总仓储面积的 4%，与 2019 年相比，冷库面积增长 10%，增长幅度较大，很多企业将原有常温库或阴凉库改造成冷库，来满足冷链业务增长的需求，反映出国内医药冷链仓库基础设施建设的不断完善。

2020 年我国医药冷链企业自有冷藏车 10589 辆，同比增长约 30%，增长率超过常温车型。增长原因一是医药冷链物流市场规模持续增长，二是随着 2021 年新冠病毒疫苗集中批量上市，医药冷链物流企业在 2020 年提前储备运力，积极履行社会责任，保障新冠病毒疫苗的冷链运输安全高效。

2. 政策引导疫苗物流企业标准规范运输

在运输规范方面，2021 年 1 月，交通运输部、国家卫生健康委、海关总署、国家药品监督管理局四部门联合印发了《新冠病毒疫苗货物道路运输技术指南》，明确了新冠病毒疫苗货物道路运输前期准备、运输、应急响应等各环节的具体要求（见图 5-1），为新冠病毒疫苗上市许可持有

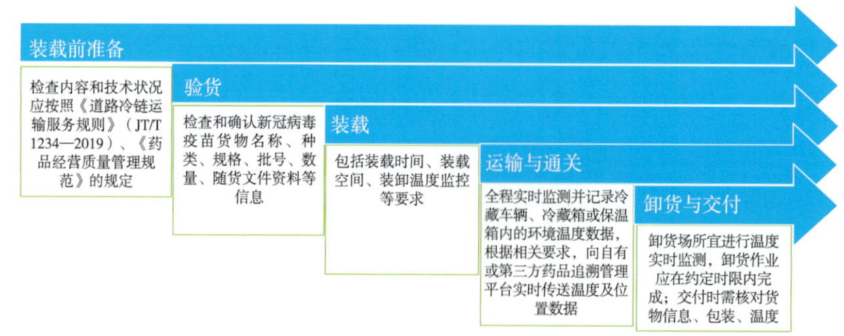

图 5-1 新冠病毒疫苗货物道路运输中各环节要求的重点内容

资料来源：前瞻产业研究院整理。

人、生产企业、配送单位等运行主体开展道路运输提供参考，切实保障新冠病毒疫苗货物安全便利运输。

5.1.1.3 “专业医药物流 + 第三方物流”市场格局形成

目前，国内各疫苗生产企业多采用自有冷藏车或委托第三方物流企业进行运输，直接配送到省、市、自治区疾病预防控制机构的冷库或疾病预防控制机构委托的有资质的第三方冷库，再由省、市、自治区疾病预防控制机构负责管理和再流通。

作为物流业务中的高端场景，疫苗等医药物流利润率及稳定性高于普通物流。这也使得新冠病毒疫苗物流领域从最初的专业医药物流企业如国药物流、上药物流、华润医药、九州通等发展到如今顺丰、京东等第三方物流企业全面入局，在政策和巨大市场规模的双轮驱动下，预计未来将有越来越多的第三方物流企业参与进来并希望借势崛起。

为推动新冠病毒疫苗货物运输供需对接，交通运输部组织有关行业协会和新冠病毒疫苗研发生产企业遴选了 28 家道路运输企业（见表 5–1），主要包括专业医药物流企业如国药物流、九州通等，第三方物流企业如顺丰、京东等。

表 5–1　第一批新冠病毒疫苗货物道路运输重点联系企业名单

1. 安徽都京云康医药有限公司	15. 九州通医药集团物流有限公司
2. 北京德利得物流有限公司	16. 瑞康医药（山东）有限公司
3. 北京华欣物流有限公司	17. 山东大舜医药物流有限公司
4. 北京京邦达贸易有限公司	18. 陕西天士力医药物流有限公司
5. 北京盛世华人供应链管理有限公司	19. 上海康展物流有限公司
6. 北京钥途冷运物流有限公司	20. 上海生生物流有限公司
7. 重庆医药集团和平物流有限公司	21. 上海医药物流中心有限公司
8. 广州医药股份有限公司	22. 顺丰医药供应链有限公司
9. 国药集团新疆新特药业有限公司	23. 天津大田运输服务有限公司
10. 国药集团医药物流有限公司	24. 天津予联达冷链包装技术有限公司
11. 国药控股泉州有限公司	25. 希杰荣庆物流供应链有限公司
12. 国药控股扬州有限公司	26. 浙江英特物流有限公司
13. 华东医药供应链管理（杭州）有限公司	27. 中集冷云（北京）供应链管理有限公司
14. 华润医药商业集团有限公司	28. 中外运冷链物流有限公司

注：排名不分先后。

5.1.2 疫苗冷链物流面临的主要问题

如何将新冠病毒疫苗安全、高效地配送分发到位，成为物流业必须面对的重要课题和必须承担的重要使命。疫苗所属的医药行业，本身具有相较于其他领域更复杂的供应链，参与者除医药产品制造商、原材料供应商、物流商、分销商、医疗服务提供部门（如医院和诊所）外，还包括政府、保险机构、药品采购组织等。此次疫情，新冠病毒疫苗分发的数量和涉及的范围都是空前的，因此其运作环节和流程也必然更加复杂。

5.1.2.1 疫苗冷链运输体系有待进一步完善

冷链运输是疫苗配送的重要手段，而疫苗冷链运输过程是一个复杂且综合的过程。疫苗冷链运输过程主要由收货、验收、储存、分拣、运输等环节构成。不同环节又包括不同工作内容，如收货环节需进行进货计划制订、温度检验、运输交换单保存、全程温度记录查看等工作；验收环节需做好储运温度数据检查、批签发证明检查等工作。新冠病毒疫苗物流对提供相关物流服务企业的服务网络、运力资源、资质等方面都有较高要求，需要运输企业有完善的仓储与配送网络并具有质量控制能力和信息化系统服务能力，能够提供一体化解决方案。

除了运输环节外，新冠病毒疫苗的物流运作在仓储和配送方面同样面临考验。由于疫苗的生产技术不同，储存条件也不同。国内研发的新冠病毒灭活疫苗运输温度要求为 2~8℃，美国辉瑞公司与德国生物科技公司 BioNTech 联合开发的新冠病毒 mRNA 疫苗需要 –70℃的运输环境才能实现长时间的保存，莫德纳研发的 mRNA 疫苗也需要 –20℃的运输环境。这种超低温的环境对运载工具的技术设计、物流解决方案提出了高要求。经过多年发展，我国公路运输模式日趋成熟，同时这也是符合疫苗冷链运输特点的主流运输方式，但这对相应的冷链基础设施会有一定的要求。相对发达的地区基础设施完善，基本具备全面冷链的能力。欠发达地区冷链环境尚不完善，且部分地区地形复杂，不便于运输。如果终端机构不添置超低温设备，新冠病毒疫苗在规定的期限内就必须全部接种，否则就会失效。

5.1.2.2 航空物流急需承担新冠病毒疫苗国际物流调度重任

由于新冠病毒疫苗的研发生产集中在中、美、欧、俄等少数国家和地区，因此新冠病毒疫苗全球范围内的、跨国的运输分发主要依靠航空物流，这给航空货运和物流企业甚至是航空制造业、机场、仓储等行业带来巨大挑战。

航空运输是国与国之间的主要干线运输方式，在如此巨大规模的疫苗冷链运输需求中将发挥至关重要的作用，同时也极为考验各国之间的航空冷链运输能力及其他配套设施设备能力。从当前的国际航空冷链运输系统来看，仍有诸多问题难以得到有效解决。首先，新冠病毒疫苗要求全程可追溯、全程温控，但部分航空公司不承运含有锂电池温度计的冷链保温箱，或者在拆装保温箱过程中，由于专业性不足导致失温、复温等现象，这都不利于温控管理；其次，部分经济稍落后的国家及地区，其基础冷链设施设备能力严重不足，欠缺对疫苗国际航空冷链运输的支撑，落地配成为最大难题；最后，各国和各地区之间转关流程标准不统一，时间过长的转关流程和繁杂不一的手续也会使新冠病毒疫苗的冷链运输风险增加。

5.1.2.3 大量配送人员需要专业培训

疫苗冷链运输不同于其他产品冷链运输，其本身具有医药行业的特殊性，因此会对从业人员提出较高要求，需要相关人员不仅了解医药知识还要懂得供应链管理相关知识，而目前疫苗冷链行业内缺乏专业化的培训和复合型人才，员工在实际操作中往往出现不符合流程的现象。此外，随着疫苗的上市，疫苗冷链需要补充大量人员，社会化物流企业也将进入疫苗冷链市场，这些人员更需要专业化的培训，要在短时间内掌握必要的疫苗配送知识和物流知识。此外，对于新入行业的人员，需要迅速建立相关的从业标准和监管体系来确定其专业水平和操作水平，规范疫苗冷链运输人员的操作流程，最终要确保疫苗安全、可靠和平稳地到达接种单位。

5.1.3 疫苗冷链物流发展的对策建议

5.1.3.1 研发可靠的硬件设备

由于疫苗对温度十分敏感，从疫苗制造到疫苗接种之间的每一个环节，都可能因为温度不符合规定要求而失效。因此，研发可靠的硬件设备，做到温度的精确控制，对疫苗冷链的储藏和运输至关重要。完好的硬件设备是疫苗冷链运输的基础，这里的硬件设备一部分是保证疫苗质量的储存和运输的设施设备，包括冷藏车、冷藏箱或者保温箱 / 包等；另一部分是监测设备，对疫苗储存和运输过程进行监测。根据部分超低温环境需求，通过技术优化，储运中延长温控时效、降低冷链成本，形成专业化、定制化的疫苗超低温环境冷链物流解决方案。

5.1.3.2 加强疫苗冷链物流标准能力建设

疫苗冷链设备是在储运过程中保障疫苗有效性的重要一环，但是其处在一个比较临界的位置，它不属于传统家电或工商业用电器范畴，在医疗行业属于辅助工具，仅医用低温设备、医用冷藏设备（血液制品冷藏箱、脏器冷藏装置）属于Ⅱ类医疗设备，但其标准、检测认证并不像传统制冷电器产品那么健全。对于不同的疫苗冷链设备，我国缺乏统一的标准体系，不同的设备既有国家标准也有行业标准，而且归口单位也各不相同。这种欠缺不仅会影响疫苗的储存质量和接种的安全性、有效性，也会给疫苗的生产、配送、仓储以及使用企业带来不便。因此，我国疫苗冷链行业应加快建立健全相关设备的标准体系，从疫苗冷链设备到配套的温度监控设备，建立一套完善的标准体系。同时，对疫苗冷链设备进行监管，采取备案或认证制度，来确保疫苗冷链设备安全性、可靠性及易用性。

5.1.3.3 建立全国性疫苗冷链供应链管理平台

随着互联网、大数据、人工智能等信息技术与物流的深度融合发展，信息化、智慧化的冷链运输将成为未来疫苗冷链的重要发展趋势。然而，受信息技术条件限制等影响，大多数疫苗在生产、储藏、运输的各个环节中并没有实现完全联网，疫苗制造商、储存配送商、疾控中心等均采取独立管理方式，缺乏组织协调和数据共享，导致医药冷链物流信息管理系统内部数据与信息存在缺失，无法对产品温度进行实时监控。因此，应建设覆盖生产、流通、接种等环节的疫苗信息大数据平台，以信息化为依托，利用物联网、云计算、智慧物流等新的信息技术手段，完善疫苗冷链监控技术，并将其应用于疫苗储运的各个环节中，形成完整的追溯数据链，以实现疫苗冷链储运全程的可监控、可管理、可追溯，并推动疫苗冷链产业的发展。

5.1.3.4 充分利用社会资源，推动第三方物流发展

由于疫苗运输过程中对温度的特定要求，要实现产品多方位、点对点的配送服务，服务于全国范围，仅依靠某一个企业显然无法实现，因此必须依靠可提供完整的配送服务的第三方物流，可以集终端运营、疫苗储存、验收养护、物流、搬运、集中配送和信息服务等功能于一体，协助解决医药企业冷链物流的发展瓶颈问题。医药冷链物流企业之间的竞争更加激烈，促使传统医药冷链物流企业进行资源整合，采取经营战略联盟。这样可以提高流通渠道运作效率，为医药冷链物流企业节约大量的人力、物力和财力，简化工作流程、降低医药企业物流成本，并有利于提升市场竞争力。

5.1.3.5 加大对疫苗冷链的人员培训

要充分发挥医疗机构、高等学校和疫苗冷链从业专家的作用，积极开展培训活动，提升从业人员的专业素养，对于现有行业内人员进行业务培训和法规教育，对于新入职员工进行专项培训，鼓励高校医药专业学生参与疫苗冷链的志愿或实习工作。首先建立职业准入制度，实行医药冷链从业

资格证书制度，在疫情期间可以先工作，但一年内必须考取相关从业资格证书。提高行业从业门槛，加大从医学高校招聘的力度，选拔医学基础知识扎实的应届生。其次要尽快引进海外医药冷链高端人才，欧美国家疫苗冷链起步较早，对于疫苗冷链的技术和管理较为成熟，可以结合中国实际进行技术和管理嫁接。

可以预知的是，未来一段时间，新冠病毒疫苗会被大规模接种，其流通无疑会加速推动医药冷链物流供应链的产业升级，其中包含硬件、人才、管理体系、质量控制体系、信息系统平台的升级，也将进一步提高医药冷链行业的整体服务能力、响应速度及质量运作水平，提升整个医药物流供应链的规范化、标准化、数字化。

5.2 直播电商时代的物流机遇

随着中国网购与直播的普及，一种新型商业模式——“直播电商”应运而生并迅速发展。直播电商与传统的营销 4P（产品、价格、渠道、促销）升级为 4C（消费者、成本、便利、沟通）这一趋势完美契合。直播电商在“信息网络 + 疫情场景”背景下，俨然位于 2020 年最热的风口。在直播经济新模式下，针对直播电商服务的物流迎来机遇与挑战，而与之相匹配的物流模式也日趋成熟。

5.2.1 直播电商发展现状

直播电商，最早于 2016 年由淘宝直播推出，2019 年因快速发展而被称为直播电商元年，疫情期间，居家成为主要消费场景之一，直播更加广泛地走进大众生活，作为跨越私域渠道与公域渠道的重要内容形式，形成带动消费的爆发性增长的新兴市场。因此，2020 年其狂飙猛进，直播场景中主播角色更加丰富，头部主播、明星、主持人、明星企业家、官员等纷纷走上前台直播带货。直播电商市场规模快速扩大、投融资规模大幅增加、商业模式日趋成熟、生态链逐渐丰富、宏观支持政策不断出台及市场规范逐步完善。

5.2.1.1 直播电商市场规模快速膨胀

直播电商的经济影响力最直接的表现为其带来的市场交易金额提高及对市场的渗透率提高。中国互联网络信息中心（CNNIC）发布的第 47 次《中国互联网络发展状况统计报告》显示，截至 2020 年 12 月中国电商直播用户规模已达 3.88 亿人，占网民整体的 39.2%。2020 年直播电商整体规模突破万亿元，预计未来两年仍会保持较高的增长态势。随着内容平台与电商交易融合程度的不断加深，预计 2021 年直播电商行业交易规模将扩大至 2 万亿元以上，艾瑞咨询预计到 2025 年直播电商行业交易规模将达到 64172 亿元（见图 5-2）。

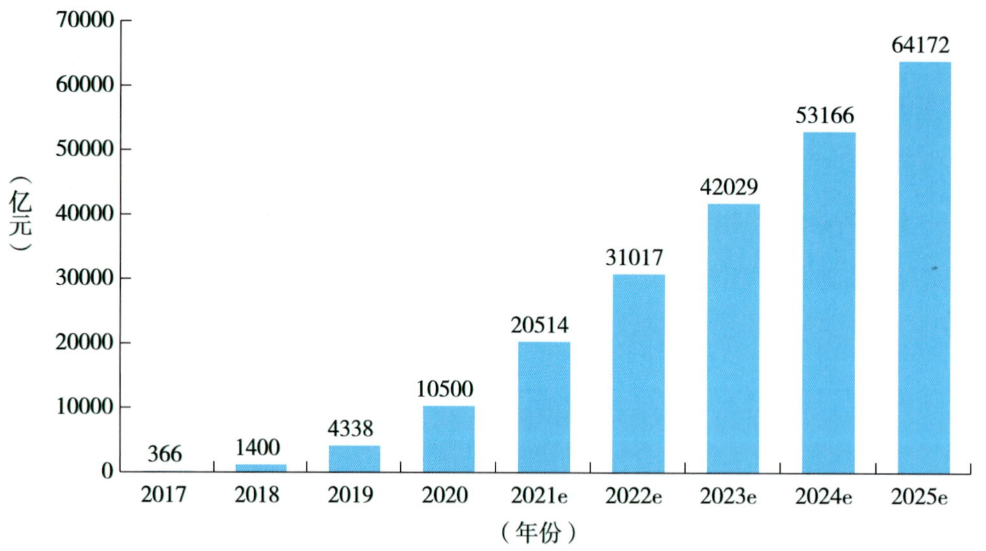

图 5-2 中国直播电商行业交易规模

资料来源：中国消费者协会、前瞻研究院、艾瑞咨询。

5.2.1.2 直播电商投融资规模大幅上升

直播电商的发展吸引了资本市场的注意，投融资规模的大幅提升将为行业发展带来立竿见影的动力。2020 年直播电商相关的投资数量及金额快速增长，共有 23 家平台获得融资，融资总额超 11.7 亿元（见图 5-3）。由于行业的生态化趋势愈发明显，投融资相关企业涉及产业链的各个环节，

图 5-3 中国直播电商投融资规模

资料来源：IT 桔子、前瞻研究院。

其中占比最高的是服务商，主要包括内容营销类服务商、软件服务商、一站式整合服务商以及短视频（MCN）机构。

5.2.1.3 直播电商商业模式日趋成熟、生态链逐渐丰富

成熟的商业模式会带来行业利润的稳定，从而使得行业稳定发展，而生态链的丰富代表着参与的经济体逐渐增加，这势必会使直播电商对其他行业带来更广泛的影响。直播电商经过几年的发展，早已不只是单纯的买家与卖家之间的交易。从图 5-4 可以看出，直播电商的生态链主要包

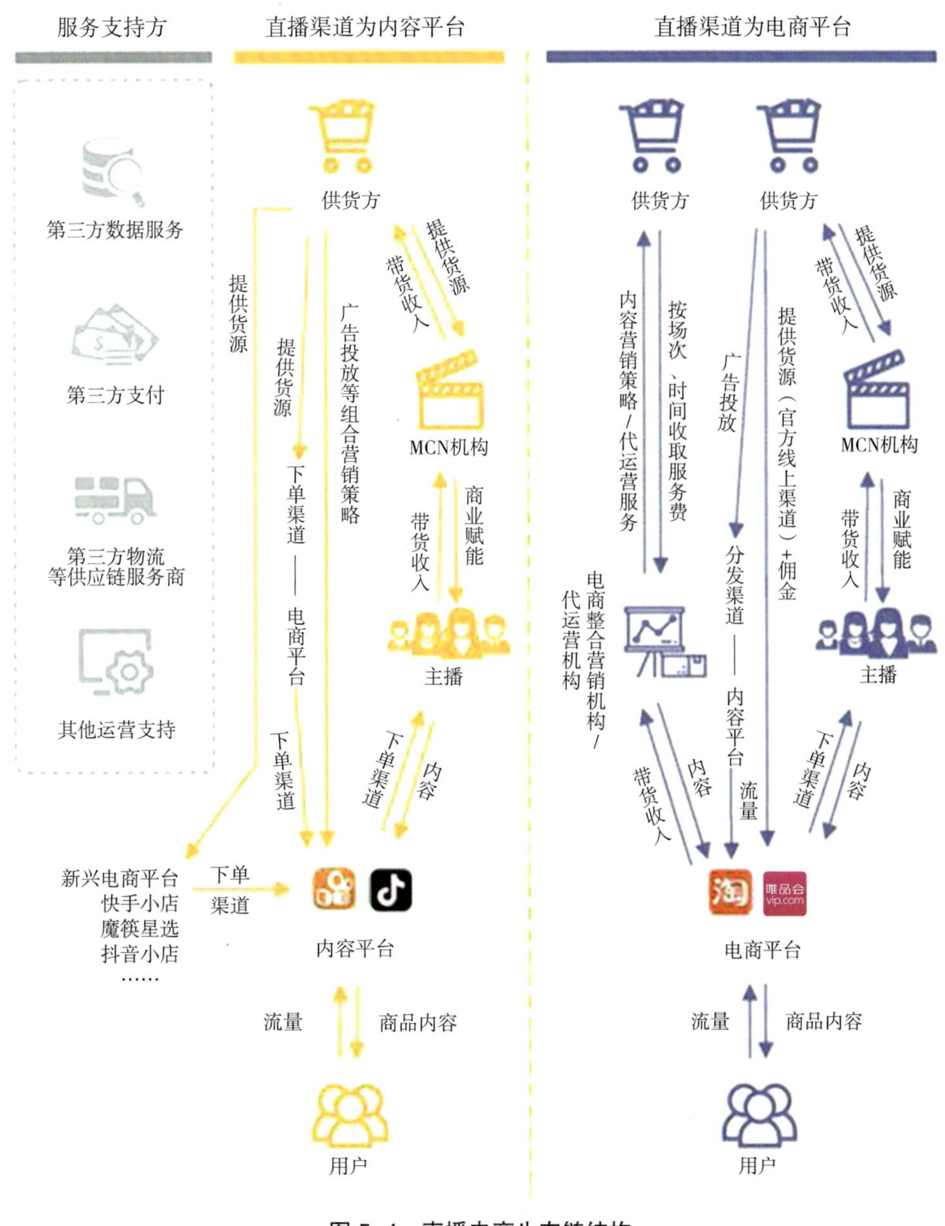

图 5-4 直播电商生态链结构

括以第三方物流为主的供应链服务商、直播服务商、主播、渠道平台、用户以及运营、营销、数据等其他直播服务商和支持服务商。各方相互配合、相互合作共同构成直播电商的产业链，缺一不可。

5.2.1.4 国家政策的鼓励及市场规范逐步完善

国家层面对直播电商的鼓励体现在一系列的政府文件与领导讲话之中。当直播电商与“脱贫攻坚”“中国制造”等战略结合起来，再加上行业市场规范和法律法规的不断制定（见表 5–2），则具有更持久的生命力。地方层面对直播电商的重视度也与日俱增，据不完全统计，截至 2020 年 12 月 31 日，全国至少已有 22 地（含省、市和区）出台直播电商扶持政策。

除了表 5–3 所列举的直播电商国家鼓励政策以外，直播电商行业的重要性还在一些国家领导人讲话中得以体现。如 2020 年 3 月 6 日，在决战决胜脱贫攻坚座谈会上，习近平总书记强调，要切实解决扶贫农畜牧产品滞销问题，组织好产销对接，开展消费扶贫行动，利用互联网拓宽销售渠道，多渠道解决农产品卖难问题。当前，以互联网拓宽销售渠道最火热的方式就是直播带货。

表 5–2　代表性直播电商相关市场规范及法律法规

实施时间	部门	政策	要点
2019 年 1 月	全国人大常委会	《中华人民共和国电子商务法》	将微商、社交电商、直播电商等新业态的经营方式纳入监管范围
2020 年 6 月	中国商业联合会	《视频直播购物经营管理和服务基本规范（征求意见稿）》	规范直播电商购物活动、销售行为及商品服务
2020 年 6 月	中国商业联合会	《网络购物诚信服务体系评价指南（征求意见稿）》	规定了网络购物企业诚信经营的基本要求、经营原则、管理与社会监督、评价指标体系、评定等级划分等
2020 年 7 月	中国广告协会	《网络直播营销行为规范》	对直播电商中的商家、主播、直播平台、MCN 机构等主体的行为均进行全面的定义和规范
2020 年 5 月	人力资源和社会保障部	《关于拟发布新职业信息进行公示的公告》	增加了互联网营销师职业；增设直播销售员工种
2021 年 2 月	中国服务贸易协会	《社交电商企业经营服务规范》	建立行业健康发展的经营准则

表 5-3 代表性直播电商相关鼓励政策

成文时间	部门	政策	要点
2021 年 1 月	中共中央、国务院	《中共中央 国务院关于全面推进乡村振兴加快农业农村现代化的意见》	把全面推进乡村振兴作为实现中华民族伟大复兴的一项重大任务，举全党全社会之力加快农业农村现代化
2020 年 7 月	国家发展改革委等 13 部门	《关于支持新业态新模式健康发展激活消费市场带动扩大就业的意见》	支持微商电商、网络直播等多样化的自主就业、分时就业
2020 年 2 月	国家发展改革委等 23 部门	《关于促进消费扩容提质加快形成强大国内市场的实施意见》	揭示出国家鼓励线上线下融合这种消费模式，而直播带货恰恰就是此消费模式的直接体现
2019 年 1 月	中共中央、国务院	《中共中央 国务院关于坚持农业农村优先发展做好“三农”工作的若干意见》	继续开展电子商务进农村综合示范，实施“互联网 +”农产品出村进城工程

5.2.2 直播电商背景下的物流问题

基于电子商务时代，传统物流的内涵和范围不断扩大，与企业外部环境以及其他企业进一步加强联系，其涵盖了供应链中制造、分销、组装、零售等企业环节和过程，并覆盖了从原材料至成品再到最终用户的整个转换过程。而直播电商在传统电子商务的基础上，基于“人、货、场”三要素构建了新的零售业概念模型，其中“货”与“场”的变化又带来一系列物流的新需求和新问题。

5.2.2.1 物流环节容易被忽视

在整个直播电商生态链上，物流环节最容易被忽视。这种被忽视，要么是因为意识上的不重视，商家或直播团队认为这是快递和物流服务商的事情，都将问题直接转嫁给供应商；要么是因为直播团队本身对于物流业务不了解，自然避重就轻，而这一点也会使其在物流供应商的选择上不专业，或是只看价格因素。在直播带货的展示过程中，很多直播团队会强调商品的选择（品控）、预售或备货方面的安排，以及直播过程和带货流量等，但对后期的简单加工（包装等）、物流服务和逆向物流（退货）则很少提及。对物流环节的忽视，也许会导致一次严重的直播“翻车”事故，令所有供应链上其他环节的准备和成果前功尽弃。换句话说，后果不仅仅是退货比例超高，甚至还涉及后续对消费者的赔偿问题。

5.2.2.2 直播活动不断推陈出新，物流能力不足导致“货”无法发出

随着自媒体发展时机的成熟，大量实力强的企业都相继推出自己的自媒体平台。各大电商直播

平台为了保持活力及持续的吸引力，不断地进行各种形式的创新。例如，疫情暴发后，京东图书第一时间开辟抗疫直播专题，邀请数十位作家、编辑来直播；进入开学季后，又进一步降低出版机构的提报门槛，收到大量出版机构尤其是文教商家的直播提报；还先后推出“直播星计划 2.0——商家星主播打造计划”、为自营商家直播间补贴大额优惠券、“扣点降至 1%”等优惠。但随之而来的却是书没办法送到京东的库房中，不仅影响出版机构的销售，读者的购买需求也无法得到满足。受疫情影响，一方面是大部分物流公司人力或者运输资源受限，无法满足多地多仓发货或者印厂直发的需求，另一方面则是在家和开学季带来了大量图书订单需求，物流能力不足成为这些图书订单实现的最大障碍。

5.2.2.3　物流配送等问题导致农产品变质

目前网购的农产品主要集中在瓜果蔬菜、杂粮杂豆，购买生鲜肉禽的比例较低。88.3% 的人担心网购农产品物流不方便，时间长、配送慢，95% 的人担心农产品在运输过程中出现破损与变质的问题。随着国民消费水平的提升，生鲜的需求量逐年上升，冷藏车作为冷链物流的重要运输工具，2019 年共计 5.67 万辆，预计到 2023 年冷链物流行业将新增 14 万辆冷藏车需求量，冷藏车在国内存在着巨大的缺口。由于农产品供应链水平比较落后，包装、冷链、物流、仓储发展有待提高，保鲜与配送链条不完善，消费者收到产品时可能出现变质，影响消费者购物体验。

5.2.2.4　需求难以预测，物流动态响应压力增大

直播电商有个显著特点是“不稳定、无计划”，和电商平台大促时一样会面临很大挑战。要求供应链反应速度非常快，对于供应链的体量、更新速度、发货能力都有极高的要求，以服装行业为例，服装供应链可谓最复杂、最多变的供应链之一，受季节、颜色、款式、消费喜好等多重因素影响，直播一场下来 SKU（库存量单位）需要 30~60 个，如果适应不了直播出货量增长带来的变化，品牌首先就顶不住了；但如果把直播销量预测过高，大量的库存也会造成巨大的资金压力。

5.2.2.5　农产品自建物流成本高，不适合自媒体直播电商

在直播电商新业态下，生鲜农产品冷链物流运输相对其他物流要求更严格，主要是因为生鲜农产品自身的保鲜期与储藏期受限。国家政策鼓励直播电商带动农产品的销售。但我国农产品的生产点多面广，具有较强的地域性，一些农产品种植不集中，非常容易形成旺季运力不足、淡季运力过剩的局面，影响农产品物流运输效率。同时，我国尚缺乏标准化的农产品供应链配送体系。相关各

个运输环节衔接不合理、管理协调能力差，使得农产品物流配送效率低下，增加了农产品的配送成本。另外，由于农产品中间流通环节多，经过层层加价，附加了大量无效的人工成本与社会成本，同时也降低了农产品运输效率。部分农产品在流通过程中有其特定的要求，为保证农产品的质量，大大提高了农产品物流运输成本。

5.2.2.6 冲动消费后带来的退换货需求大量增加

在直播电商购物过程中，消费者冲动消费较严重，风险意识相对薄弱。中国消费者协会发布的《直播电商购物消费者满意度在线调查报告》显示，消费者对直播电商产业总体感受较好，但有37.3%的受访者在直播购物中遇到过消费问题，其中被吐槽最多的是“夸大其词”“货不对板”等问题，这与十几年前中国电视购物发展初期的景象十分类似。消费者对货到付款、退换货等存在较强的物流需求。2020年11月，李佳琦直播间被中消协点名就是代表性案例。起因是有顾客在李佳琦直播间购买了一双运动鞋，后因质量问题想申请换货，但是因为鞋已经下架了，所以只能退无法换。因此李佳琦直播间“买完不让换”开始传得沸沸扬扬，消费者表示不满，认为好不容易才抢到的优惠商品，有了质量问题又不能换。

5.2.3 物流业的应对措施分析

5.2.3.1 直播“场”景延伸至物流关键环节

为了解决物流环节最容易被忽视的问题，最简单的方法就是将直播“场”景直接延伸到仓库、包装、发货、运输等物流关键环节。

大多数主播只能展示产品和优惠，而物流的配合度、发货速度是消费者想知道却不能了解的直播盲区。直播带货拉近了“人、货、场”的距离，商家可以通过手机直播在任何时间、场景展示产品，可以是工厂、档口、原产地甚至产品的仓库。仓库直播相对于单纯展示产品的直播，可以更好地展示货物的包装、运输，保证了物流的快速和安全。现场直播商品分拣、打包等过程，真实地向消费者展现了直播商品整个出库流程，不必担心时效及暴力分拣等问题，保证了更好的购物体验。同时也减少了售后问题，避免了展示品和实际商品不符合的情况，赢得了消费者的信任和好感。例如，圆通石家庄转运中心的“仓储—直播间—发货”一条龙服务就实现了直播电商与快递物流之间的“无缝衔接”，极大地提高了直播间发货的效率，创造了电商与快递之间合作的新模式；“发网仓播”由发网物流牵头，将商家直播间搬进仓库中；中通云仓也试水“仓播”模式，依靠零距离发货的优势，吸引到越来越多的主播将直播间搬进云仓。

5.2.3.2 物流企业可建立与直播巨头的合作关系

从直播电商行业格局来看，淘宝直播 2018 年实现网站的成交金额 GMV（Gross Merchandise Volume）1000 亿元，2019 年超过 2500 亿元，是目前最大的直播电商平台，而快手与抖音两大短视频直播平台也从 2019 年开始投入大量资源参与到直播电商行业中。快手大数据研究院发布的《2020 快手年度内容报告》显示，2020 年 1 月底至 4 月初，快手战“疫”大直播累计在线观看人次超 80 亿人次。截至 2020 年 9 月 30 日，快手应用上共开展直播近 14 亿场，快手电商 GMV 达 2041 亿元，平均复购率超过 65%。抖音 2019 年实现 GMV400 亿元，抖音首个平台级电商大促“8 月抖音奇妙好物节”圆满收官，总成交金额破 80 亿元，总看播量破 100 亿人次。除了淘宝以外，类似快手、抖音一类的直播平台尚未形成自己完整的供应链，主要依靠与电商、物流企业建立合作关系来实现完整的直播带货流程。例如，2020 年京东宣布与快手合作；极兔速递同时与拼多多、抖音与快手合作；抖音也选择与供应链完备、经验丰富的苏宁易购一起携手共建互惠体系。随着这些直播平台的不断壮大、更多品类线上渗透率的提高，未来物流企业还有与它们合作从而挖掘直播电商带来的物流红利的空间。

5.2.3.3 建立“中心仓 + 前置仓”模式，提高物流配送效率

前置仓最早是由生鲜新零售采取的一种仓配模式，将生鲜、快消品直接存储运营在社区周边（一般为 3 公里内），由骑手负责“最后一公里”配送的电商模式。这一生鲜即时物流配送模式与直播电商相结合，可以形成针对直播电商的“中心仓 + 前置仓”模式（见图 5–5），可以有效解决直播电商中生鲜配送高成本问题。直播电商利用“中心仓 + 前置仓”商业模式满足消费者更高消费体验需求。第一步是要有高质量商品和快速配送体系，当商品品质和配送时间确定后才能带来消费者复购、提升订单规模，进而改善 UE 模型（单位经济模型）、继续提升商品质量，形成正向循环。UE 模型：最关键 3 个变量为客单价、毛利率、配送费。核心是毛利总额（收入 × 毛利率）要能覆盖单均配送成本。影响毛利总额的主要因素为供应链能力即商品力，影响配送成本的主要因素是单仓订单规模。订单量：由前置仓数量和直播订单量推动，区域、城市拓展提升前置仓数量进而使直播覆盖更多用户，复购率将直接影响直播订单量。

事实上，直播电商正在使更多品类线上渗透率得以提高，更多品类的物流配送也可以借鉴生鲜前置仓的运行模式。如车企借鉴了生鲜电商的模式，将各 4S 店当成了前置仓：消费者在汽车品牌官方的网销系统、汽车论坛上预约，通过系统或者专员将需求传达给对应区域的最近门店，并由 4S 店负责与顾客接洽和售车；京东物流提前把部分爆款产品在距离消费者最近的营业部中进行前

置部署，在消费者下单瞬间便开始打包发货，确保消费者在数分钟内完成收货。

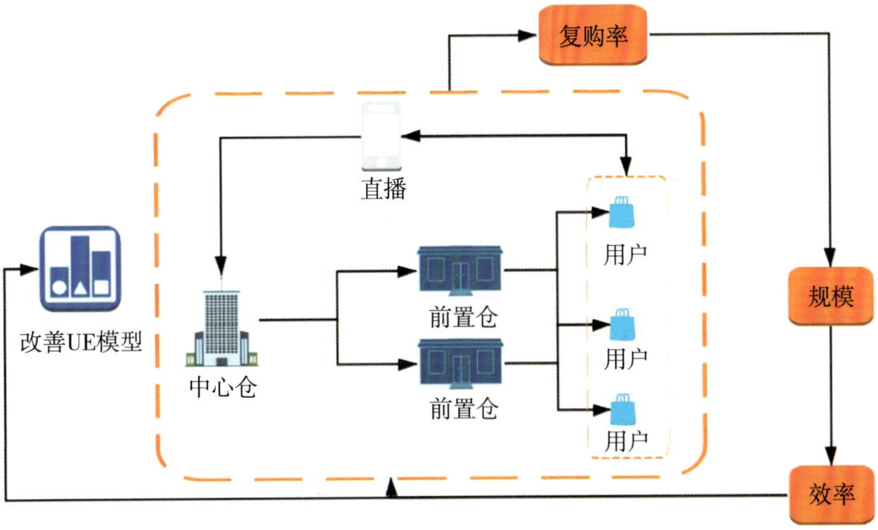

图 5–5 直播电商“中心仓 + 前置仓”配送模式

5.2.3.4 打造 C2M（“客对厂”）模式，降低物流成本

与传统模式相比，C2M 模式拥有个性化、低库存、低成本等特点。C2M 模式为先销后产，制造商先接受订单，而后采购原材料，这有利于制造商提高生产灵活性、降低库存风险。对于品牌和电商平台而言，C2M 模式使顾客和厂家直连，价格上的下降可以帮助品牌扩大受众、提高顾客忠诚度，还可以帮助电商平台获得更多的用户，有效开发下沉市场。对于消费者而言，通过 C2M 规模化定制可以更好地满足自身对品质、性价比和个性化的需求，尤其对库存占比较高的纺织服装、轻工制造、家电行业积极影响更大，此外，对渠道端的商贸零售行业也造成了冲击。

直播电商使得 C2M 成为可能，企业可以接触到大量具有异质性需求的消费者，增加了聚合并响应定制化、个性化需求的可能性。通过直播电商让长尾需求显性化，有利于对长尾需求的开发和管理，从而通过 C2M 模式产生网络外部性，促使相关产业和生产要素形成虚拟集聚，从而降低物流成本。随着主播与供应链工厂之间的通道打开，库存、快反、退货率等面临的一系列问题都可以在一定程度上得到解决。

5.2.3.5 数字化柔性供应链助力 C2M 规模化定制

得益于大数据、云计算、人工智能等数字化技术的发展，直播电商生态链中的厂商才可以快速了解消费者的需求，从而做出快速的应对，提高效率，进行柔性化生产和规模化定制。直播电商铸造的 C2M 模式，供应链逆向构建的基础在于全链条信息的数字化共享。建立数字化柔性供应链的作用主要体现在：一是供给数量可根据消费市场的需求变动提前进行物流资源调整；二是通过提前预测的消费者需求变动，及时调整产品的细分品类，以便实现柔性化生产；三是对接新技术，动态调整产品的库存时间。如京东“直播 + 助农 + 电商”新模式大受好评，其中数字化柔性供应链起到了很大作用，一边连接生产供应商，一边为消费者提供配送服务。

5.2.3.6 加速物流基础设施配套建设，引入先进技术及设备

2021 年 2 月 21 日，《中共中央 国务院关于全面推进乡村振兴加快农业农村现代化的意见》即 2021 年中央一号文件发布。文件指出要加快完善县乡村三级农村物流体系，改造提升农村寄递物流基础设施，深入推进电子商务进农村和农产品出村进城，推动城乡生产与消费有效对接。促进农村居民耐用消费品更新换代。加快实施农产品仓储保鲜冷链物流设施建设工程，推进田头小型仓储保鲜冷链设施、产地低温直销配送中心、国家骨干冷链物流基地建设。完善农村生活性服务业支持政策，发展线上线下相结合的服务网点，推动便利化、精细化、品质化发展，满足农村居民消费升级需要，吸引城市居民下乡消费，以及推进公益性农产品市场和农产品流通骨干网络建设等。

不仅是农村直播电商和农产品直播电商需要配套建设，城市直播电商物流体系也需要引进先进技术及设备来提高物流效率。例如，临沂直播行业依托原有的批发市场、发达的物流体系逐渐兴起，随着直播订单的大量增加，传统的物流与商贸体系却渐渐不能满足电商的要求。针对目前电商业态的发展，临沂市依托京沪高速大通道优势，布局新的科技物流基地，建设共享云仓标准中心库。主流的各项技术在云仓中都有体现，包括 5G 物联网、大数据、云计算、人工智能等，我们仓里有很多的自动化设备，采用云仓作业之后，它的年综合成本将降低 25% 以上。

前沿技术对物流业发展的影响 6

新技术正在颠覆产品生产方式和传统商业模式，驱动企业转型和业务创新，重塑客户价值。如何利用新技术改变物流业，促进物流业的技术创新和产业升级，创造新的物流生态，值得深入思考和研究。本章聚焦空间计算、行为互联网、4D 打印等前沿技术，从技术层面上进行介绍，分析其发展历程和应用现状，重点展望这些技术对物流业发展的影响。

6.1 空间计算技术对物流业发展的影响

空间相关的技术早已不知不觉地影响着人们的工作生活，例如，科学家使用 GPS 技术跟踪濒危物种，了解和研究动物的行为；学生们应用 Google 地球来了解全球各个区域；驾驶员应用汽车导航制定行车路线等。GPS、虚拟现实（VR）、增强现实（AR）等新技术的应用发展更是促进了空间计算技术的诞生。空间计算技术使人们对“位置”这一概念有了新的理解。

6.1.1 空间计算技术简介

空间计算技术的诞生是为了更好地对地图及其他地理数据进行计算和分析，最初时主要应用于高度专业化的学科领域，如导航、遥感测绘等。随着科学技术的发展，空间计算技术在计算机辅助设计（CAD）所熟悉的“数字孪生”概念之上又被赋予了新的定义，指将虚拟现实和增强现实技术整合在一起的数字与物理世界的下一个步骤，即对通过云连接的对象进行数字化处理，采用传感器和马达相互反应，创建了真实世界的数字表示形式。同时，又具备空间映射功能，利用计算机作为“协调器”跟踪和控制人在数字或物理世界中移动时物体的运动和交互。

目前，针对空间计算技术的应用研究并不多，但值得一提的是研发了空间计算技术的 AR 头戴显示器——Magic Leap One 的美国 Magic Leap 公司，其将公司的数字光场信号专利技术与人类眼脑系统相结合，以人脑的视觉皮层作为屏幕，实现环境识别、背景感知和 AR 应用，如图 6-1 所示。Magic Leap 公司认为空间计算的关键特征如下。

（1）场：空间计算将模拟真实环境的光 / 声场与数字光 / 声场相结合。

（2）持续：不管用户如何走动，空间计算都能使传感器组件保持数字内容在真实世界的位置。

（3）交互：空间计算展示的数字内容能够对人类身体发出的天然信号（头部动作、眼球注视、手势和语音）和手柄信号作出反应。

（4）背景：空间计算机呈现的数字内容能够清楚地对周遭的环境进行空间和语义的拓扑。

（5）连接：就像人类有面对面和远程连接（电话、社交网络）、数据存取（网络、物联网）和超距互动（物联网、机器人）一样，用户通过空间计算技术接触到的数字内容是空间计算网络的一部分。

（6）尊重：有了背景识别、连接和对历史行为的持续空间记忆，空间计算技术展示的数字内容将尊重并提升用户的生活质量。

图 6–1 Magic Leap 公司的空间计算技术 AR 头戴显示器查看 3D 空间示意

资料来源：https：//baijiahao.baidu.com/s?id=1610026871820886893&wfr=spider&for=pc。

6.1.2 空间计算技术在物流领域的应用

6.1.2.1 空间计算技术在物流仓储领域的应用

空间计算技术将在仓储物流方面发挥重要作用。空间计算技术在仓库或分拣中心 3D 模型的基础上，结合平台收集各类数据，如 IoT（物联网）数据、实时库存和运营产生的数据等（包括货物的大小、形状、位置、数量等），不仅在宏观上可以帮助管理者全面掌握仓库或分拣中心的运行情况，还能基于当前的数据进行模拟操作，以便将来对空间布局的更改、新设备的引进或工作流程的调整进行更好的测试和评估，为管理者作出正确的决策提供了有力的支持。同时，在微观层面，空间计算技术可以借助可穿戴设备实现 AR 和 VR 技术的应用，不仅能帮助新入职的员工通过虚拟操作快速上手，还能提高一线员工的工作效率，例如穿戴设备自动识别货物编码，并用 AR 技术指引分拣、帮助确认信息，或者在搬运拣取货物时，构建仓库 VR 视图，利用大数据计算规划最优路线等。

6.1.2.2 空间计算技术在机器人领域的应用

自从机器人诞生之日起就离不开空间计算技术，无论是采用无线脉冲定位技术，还是采用地图定位技术。2019 年达阔科技联合英特尔、新松机器人、科沃斯商用机器人共同发布了《机器人 4.0 白皮书》，揭示了人工智能时代的自适应自主服务机器人 4.0 即将到来，其核心技术包括云—边—端的无缝协同计算、协同学习、场景自适应等。自主移动的机器人技术将融合激光雷达、深度摄像头、超声波雷达等多项感知技术，而空间计算技术可以帮助机器人通过扫描作业环境并自主更新场景，无须辅助固定信标，对工作场地几乎没有改造需求，使得机器人全面感知周围环境，通过智能决策能力实现生产环境中灵活、自主的避让、协同。同时，应用空间计算技术的机器人通过大数据、深度学习等技术可以挖掘工作中隐藏的关联，实现做的事情越多，经验就越多，更加具备“自我意识”。

6.1.2.3 空间计算技术在城市物流领域的应用

城市物流配送在城市经济和居民生活中起到重要的作用，也是影响消费者满意度的关键因素。空间计算技术将结合人工智能、大数据等技术，通过收集城市的现实、历史、空间和实时的数据，对城市进行系统性建模和实时分析，帮助用户更深入地了解城市具体情况，对不同的问题，针对性地提出具体解决方案。例如，不同的城市针对卡车货运物流，有着不同的限行措施，空间计算技术可根据不同城市的具体情况，助力卡车货运制定更加精细的物流规划方案，另外，还可实时追踪卡车在城市每个区域的定位以及车辆运行情况。在城市终端物流配送方面，空间计算技术可根据不同路段的车流、人流密度，货物目的地小区的建筑布局和具体结构，设计最优的配送路线，并结合 AR 和深度学习技术，可识别目的地建筑特征且自动与目的地货物接收人电话联系。

6.1.3 空间计算技术对物流业发展的影响

6.1.3.1 空间计算技术降低了物流运输与管理成本，提升了物流企业效益

货物运输是物流业最基础也是最频繁的活动之一，在整个产品供应链或企业生产的物料配送环节中，运输成本占到供应链总物流成本的 1/3 左右。因此，提升物流核心竞争力的根本路径是实现配送优化、降低物流运输成本。空间计算技术能够根据配送物品的性质、形状、体积和目的地等信息，以及物品堆放时的易损性、垂直稳定性和承重要求等多个约束条件，运用算法虚拟化构建最佳装箱方案并通过 AR 技术指导运输装箱。其不仅实现了货物运输的最大配送量、降低了物流运输成

本，还能实现物品后进后出、提高物品的配送效率。另外，空间计算技术能帮助物流企业通过 VR 建模和模拟运营，实现在不影响现阶段工作的前提下，有效测试和评估企业的布局更改是否合适，或者引入新设备和新工艺的潜在影响，助力物流企业作出正确的决策，有效降低了物流企业的管理成本。

6.1.3.2 空间计算技术降低了物流各环节的工作难度，提升了员工工作效率

人力资源是物流企业创造价值的根本所在，是物流企业增强核心竞争力的关键保障，而物流各个环节、不同职务要求的能力与人员的需求不同。因此，如何提高员工的胜任力、实现人力资源优化是当前物流企业应首要考虑的问题。空间计算技术贯穿物流的运输、仓储、包装、搬运装卸、配送及相关物流信息等环节，并通过大数据、6G 网络、VR 和 AR 等技术帮助员工快速上手，实现工作能力和岗位的高度匹配。例如，在员工入职培训环节，空间计算可将数字化的工作场景展现在新员工面前，并指导他们如何操作，提升员工工作熟练度。在设备维护环节，空间计算技术能通过 AR 全息投影，不仅显示机器部件的空间地图，还显示相关修复操作链接，此外，工程师可以实时掌握设备状况，远程同步指导工人进行设备修复。

6.1.3.3 空间计算技术增加了物流业的附加价值，助力构建智能化物流体系

在消费多样化、生产柔性化、流通高效化的时代，用户对物流服务的要求越来越高，物流增值服务是物流企业保持企业竞争优势的重要手段，而空间计算技术恰是能助力物流业提供附加价值的重要技术。空间计算技术通过物理和数字这两条主线来反映实体 / 服务从产生到最终消亡的整个生命周期，其中，物理主线不断为数字主线提供各种数据，数字主线又将分析与预测的结果反馈给物理主线，构成一个信息循环。因此，空间计算技术不仅能够对某些高价值货物的运输过程进行数字化追踪，全流程记录货物所处的温度、湿度环境以及受冲击 / 碰撞情况等，从而确定承运方是否按照约定的条件对货物进行了保护；还能在提供售后服务物流的同时，通过收集和分析设备地理位置、运行状态以及同型号设备生命周期及维护等大数据，提前预判维修的时间点，并将售后零配件库存布置在最合适的位置，另外，在产品“寿终正寝”的时候，以最优方式组织逆向回收物流。

6.2 行为互联网（IoB）技术对物流业发展的影响

2020 年年底 Gartner 咨询公司提出 2021 年最新的技术趋势，强调以人为本的行为互联网（Internet of Behavior，IoB）被囊括其中。个人日常生活中会产生大量的数字尘埃（即跨越数字世界和物理世界的数据），包括个人的社交媒体、交易记录、生物特征、位置跟踪、健康状态等大量信

息。行为互联网通过基于多种数据来源和物联网（Internet of Things，IoT）的技术收集个人数字尘埃，系统性跟踪或影响人类行为的技术。

6.2.1 行为互联网技术简介

6.2.1.1 行为互联网的概念

行为互联网是指利用相关设备和技术采集、分析和使用用户的各类行为数据来影响和改变用户在现实世界的行为活动，其实质是试图通过数据挖掘来理解人类行为。其中设备指的是包括用户位置、面部识别等能展示用户行为的设备。行为互联网可以将用户特定行为转化成电脑语言可理解的数据，如通过用户购买或在线浏览关注特定品牌后来推送用户所关注的信息，将数据分析和行为科学进行融合的一种新技术。

如图 6-2 所示，行为互联网技术将物联网作为其架构的底层，通过其收集数据并转变为自身所需信息。行为互联网技术将这些信息转化为知识，甚至具备一定智慧（需要其他技术辅助结合），最终达到数智融合。与大数据分析不同的是，除了常规感知功能外，认知、情感甚至意识都将成为行为互联网研究主体。换言之，目前大数据技术所塑造的是“数字孪生”世界，而行为互联网将创造一个“数字三生”世界，将个人心理动机、潜意识等一系列心理行为嵌入数字孪生体系，并通过流程、逻辑辅助管理决策和日常行为，引导提升用户体验。

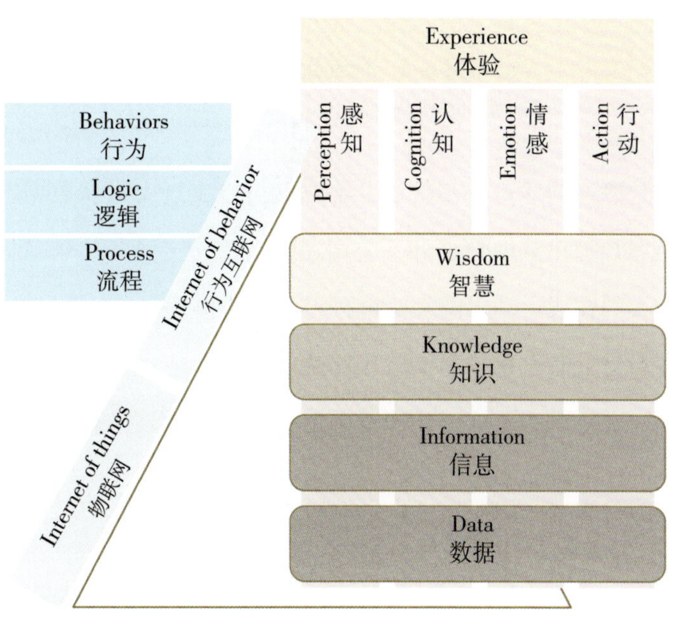

图 6-2 行为互联网与物联网关系

资料来源：https ：//mp.weixin.qq.com/s/kxi1WIZfqSa7mWy6Lg2BbA。

6.2.1.2 行为互联网架构

行为互联网从根本上来说是物联网的延伸，物联网经历多年发展之后，演变成万物互联（Internet of Everything，IoE），行为互联网则为万物互联中较高层次的类别，即万物互联在以逻辑、流程为中心的全面连接之后，正延伸到更全面的“万物万象”领域，并涉及用户的主观世界。

如图 6–3 所示，行为互联网技术利用众多数据源来收集、整合、处理数据，包括商业行为数据、由公共部门和政府机构处理的公共数据、机构数据、社交媒体数据、可穿戴设备的形体传感数据、定位摄像数据以及更多的衍生数据等。随着技术的不断发展，更多用户日常生活中的“数据尘埃”将被收集并利用。而行为互联网企业或相应机构将通过获取并分析用户行为互联网数据，影响或者提供用户的行为、决策等。

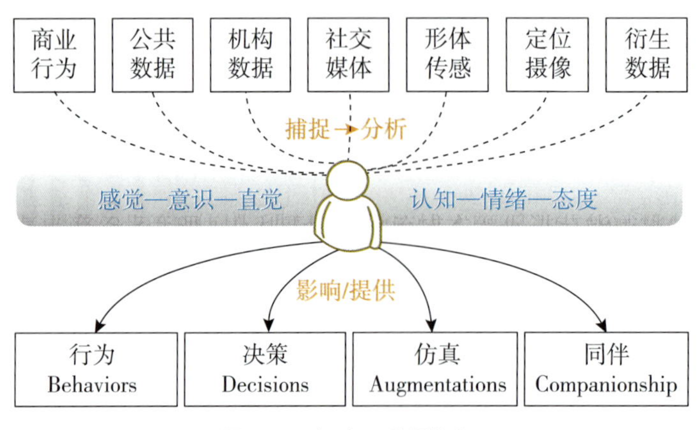

图 6–3 行为互联网构架

资料来源：https：//mp.weixin.qq.com/s/kxi1WIZfqSa7mWy6Lg2BbA。

行为互联网技术将物联网技术进一步扩展，物联网可以实现大量新数据源的设备互联，而行为互联网方面除了直接从客户那里获取数据外，公司还通过跨连接设备共享来收集非客户信息。比如智能手机可以跟踪一个人的在线运动以及实时地理位置，且能通过使用的 App 或者用户的其他行为习惯，将其最终展示在行为互联网中。新的技术带来了机遇，但也伴随着巨大的风险，完善行为互联网技术不仅需要其他先进技术的支持，还特别需要各行各业对数据安全的重视与协同。

6.2.2 行为互联网应用热点领域

行为互联网技术汇集面部识别、位置跟踪和大数据等技术，并将结果数据与现金购买或者设备使用等行为事件关联，是物联网、大数据技术的进一步拓展。其主要应用热点领域包括计算机视觉、驾驶行为分析、位置追踪等，市场潜力巨大。

6.2.2.1 计算机视觉

计算机视觉是一门研究如何使机器“看”的科学，即用摄影机和电脑代替人眼对目标进行识别、跟踪和测量等，主要包括物体检测、物体定位、图像分割等分支。而行为互联网技术可以通过对采集的图片或者视频进行处理而获得相应场景的信息，主要分布在医疗应用、安防、影视制作、农业及其他更多领域。现有商汤科技、旷视科技、云从科技等一批技术领先公司从事计算机视觉工作与研发。

6.2.2.2 驾驶行为分析

驾驶行为分析是指通过收集用户驾驶行为数据来监控驾驶行为，进而对驾驶员的驾驶水平和驾驶风险进行评估，给出驾驶建议，从而达到改善驾驶员的驾驶习惯、行驶路线和提高安全水平。通过规范驾驶员行为习惯实现低油耗、低车损、低安全隐患。西班牙 Caudete 运输集团的冷藏拖车，平均驾驶 92300 公里就需要更换一次刹车片，在安装 traffilog 驾驶行为分析系统后，系统将司机每个月急刹车、长时间刹车次数进行统计，并有针对性地进行培训。第二年，刹车片更换的频率降低至 118000 公里更换一次，每年每车节省 1410 美元。

6.2.2.3 日常消费洞察——收集“数字尘埃”，反馈回路影响行为

我们在日常生活中已经离不开网购，但网购存在一定问题，比如当你在网购婚礼相关用品一年后，仍会收到该平台母婴用品的推送；在购物软件搜索或浏览后，打开其他软件会出现类似商品；以及之前备受关注的“大数据杀熟”等。这些 App 收集用户的浏览痕迹，分析每一位用户的消费行为和消费特征，利用算法推断用户当下和未来的需求，利用用户心理影响其下一次购物行为，以获取更大利益。而随着网购的发展，同步兴旺的是互联网征信服务。在收集用户各类信息（包括但不限于消费信息）后，商业机构分析用户行为和心理特征，计算出用户的信用值，并依据信用值提供一定的生活便利，引导用户的下一次行为，以增加对自身产品的依赖性。互联网巨头纷纷筑起了“信用”高墙，让自家产品的数据反馈、用户行为分析、服务改善形成完整闭环。正如上述例子所示，行为互联网旨在使用数据以改变行为。由于越来越多的技术收集日常生活中的“数字尘埃”，该信息可用于通过反馈回路影响行为。特别是随着用户数据宽度（不同行为获取）、厚度（同一行为积累）的急剧增加，对于用户历程洞察不仅仅可以用来检视回顾、修复追补客户体验，还可以预测客户行为指向走向，为适用性营销和完美客户体验——客户契动（通过给客户塑造潜在机制的心理过程，使得新顾客成为忠诚顾客，也使重复购买的顾客对其保持忠

诚）提供基本能力。

6.2.3 行为互联网对物流业发展的影响

6.2.3.1 创造"数字三生"状态，实现智慧化物流

物联网、大数据、人工智能等行为互联网底层技术在物流领域内广泛应用，将进一步提升行为互联网技术的发展水平，利用好行为互联网技术来改造物流产业，作为实现智慧化物流的重要载体之一，在管理监控、运营作业等方面实现高效、协同、可视、数据化的物流供应链运营，并推动物流行业由规模化向细分化、个性化、多样化演进，最终形成智慧化物流的新生态。通过物联网技术收集用户数据，而大数据支撑数据分析整理为信息，甚至是人工智能辅助敏捷决策，驱动经营管理。上述技术仅提及用户发生和可能发生的显性行为相关场景，而行为互联网技术则可以涉及用户的意识和心理层面，创造"数字三生"状态。通过行为互联网技术实现的"数字三生"将提升物流资源管控和利用率水平，对物流资源的整合将改变原始物流的运作模式，全面推行信息化，实现整体智能感知获取、智能传递、智能处理、智能应用，最终实现"智慧物流"。

6.2.3.2 驱动电商物流变革，提前做好销售预测

作为当今物流业的发展热点，电商（直播）物流得到很多关注。与行为互联网技术的结合是电商物流发展的必然趋势，特别是对于顾客个人的"数字尘埃"的收集，实现对个人的精准推送，利用互联网行为技术分析不同地域不同人群的需求，对全国物流仓储布局相应地进行一系列调整。把顾客的需求向上推移，促使电商物流仓储从在全国建设配送中心，逐步演化成为个性化订单。过去是供给决定需求，今后越来越多地从需求开始倒推，按照需求的模式重新设计相应的供给点的安排，能更好地开展销售预测，在用户消费热浪来临之前提前进行库存备货，极大缩短配送时间和物流运输成本。运用行为互联网来建立时令购物地图，结合内外部影响因素，预测商品 SKU 的未来订单走势，帮助商家提前备货，实现"单未下，货先行"的理想状态。

6.2.3.3 优化员工工作效率，降低不必要维护成本

行为互联网技术可以通过分析员工的工作习惯，对其进行优化改进，实现工作能力和岗位匹配，进而通过提高用工效率来转移企业成本，提高企业竞争力，推动人力资源决策由"经验 + 感觉"模式向"事实 + 数据"模式转型，人才测评和任职匹配将更高效、更精准；处于休眠状态的企业内部营运数据将被唤醒，培训需求的甄别将更便利。过程数据和结果数据的空前丰富使得"过

程 + 结果”的绩效考核方式将更容易导入，对绩效辅导和绩效提升更有利。

物流行业中更多的是司机、仓储搬运工等一线工人，通过行为互联网技术对其行为习惯进行分析，及时检测车辆等仓储运输设备的工作效能，进行防御性维护。准确的用户行为大数据分析还能规范员工操作习惯，从而节省不必要的维护开销。

根据 Gartner 预测：到 2023 年，行为互联网将对全球 40% 的人口进行数字跟踪以影响其行为；到 2025 年年底，全球一半以上的人口将至少会参与一项商业或政府的行为互联网计划。随着传感与分析技术的持续进步，“数据尘埃”挖掘利用日益精密，人类对自身行为的数字化演绎将更加深入，物流企业可以利用行为互联网系统，逐步渗透到意识和心理分析，从物流运输到货物分拣，从站点配送到用户画像，行为互联网的相关研究和应用涵盖了物流行业的全部链条，满足了物流企业的各个环节的发展需求，必将有力地提升物流运输效率、降低物流管理成本，极大地促进企业智慧物流的建设和发展。

6.3　4D 打印技术对物流业发展的影响

4D 打印技术横空出世，带给人们的不仅仅是思想上的震撼，更是对未来社会生活和科学技术方面的美好憧憬。设想一下，如果 4D 打印技术打印了一顶帽子，在发生火灾的环境下，通过火或烟触发帽子变形为防毒面罩；在充满风沙的环境下，自动变形为防护帽……我们的生活方式将被完全颠覆，我们的世界也将被 4D 打印改写。1D 到 4D 示意见图 6–4。

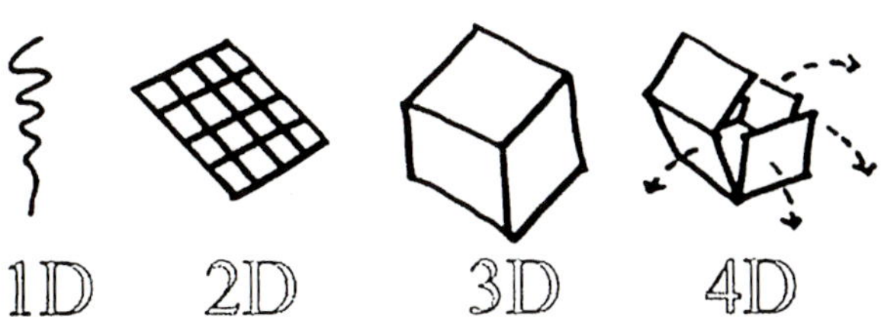

图 6–4　1D 到 4D 示意

资料来源：http ： //www.mak–er.com/3DP/143.html。

6.3.1　4D 打印技术简介

6.3.1.1　4D 打印技术的概念、物体形式和构成要素

4D 打印技术是指利用 3D 打印技术和“可编程物质”，制造出的三维物体在预定的刺激下（如

放入水中或者加热、加压、通电、光照等）可自我变换物理属性（包括形态、密度、颜色、弹性、导电性、光学特性、电磁特性等）。其中，"可编程物质"是指能够以编程方式改变外形、密度、颜色、导电性、光学特性、电磁特性等属性的物质。4D 打印技术的第四维是指物体在制造出来以后，其形状或性能可以自我变换。

4D 打印技术制造的物体至少有两种形式：一种是物体的各部分连接在一起，可自我变换成另一种形态或性能；另一种是该物体由可分离的三维像素（一种基于体积的像素，与平面像素类似，三维像素是"可编程物质"的基本单元，不同的"可编程物质"具有不同的三维像素）组成，三维像素可聚集形成更大的可编程部件，该部件也可分解成三维像素。

4D 打印的主要构成要素可以分为 4 个部分：智能或刺激反馈材料、4D 打印设备、外部刺激因子、智能化设计过程。

6.3.1.2 4D 打印技术与 3D 打印技术的区别

3D 打印技术是一项诞生于 1984 年的快速成形技术，通过计算机辅助工具，将三维数字模型逐层堆叠成形。而 4D 打印技术则更进一步采用新型材料和先进设计技术，使制造出来的实体形状、性质能够可控变化，从而实现特殊功能。3D 打印与 4D 打印的主要区别在于以下三点。

（1）打印材料不同。3D 打印技术通常采用形态稳定且不易产生较大形变和性变的热塑性塑料、金属、陶瓷等材料；而 4D 打印技术则采用可在特定条件下产生特定形变和性变的可编程材料，从而赋予产品更多的功能。

（2）形变和性变能力不同。3D 打印技术力求使制造的产品形状和性能稳定，最大限度地降低产品的形变和性变；而 4D 打印技术则充分利用制造完成后产品产生形变和性变的现象，使产品可以根据环境条件变化而产生不同的功能。

（3）设计方法不同。3D 打印采用的是实体静态设计，设计人员只需要设计产品的单一形状和性能即可；而 4D 打印则要求对产品进行动态预测，不仅要设计出产品的最终形状、性能和功能，还要根据材料特性进行材料编程，设计出产品中间的形状和性能。

因此，4D 打印技术的本质是 3D 打印技术与可变形材料、新型设计技术的统一体：借助先进的多材料 3D 打印工艺，采用可变形材料作为原料，在对材料形变精准预测的基础上开展动态设计，使最终产品具备所需特性。这种独特的能力使 4D 打印技术有望制造出具备颠覆性功能的产品，从而变革产品的制造、装配、储存、运输等环节。

6.3.1.3 4D 打印技术存在的问题

（1）4D 打印的核心是材料。因为要求物品能够自动组装变形，所以对其材料本身要求很高，一般的材料并不能够满足 4D 打印的需求。4D 打印要求新型材料具备记忆功能，同时能够感知外部刺激，从而进行形态的变化。

（2）4D 打印的突破点是设计软件。4D 打印技术是将产品设计直接写入材料当中，缩短制造工艺流程，直接将设计和成品结合，对软件系统的要求自然很高。设计的好坏直接决定产品的最终形态，所以设计软件是 4D 打印技术突破的要塞。

6.3.2 4D 打印技术的应用

6.3.2.1 生物、医疗领域

伴随着纳米粒子技术与数字化制造在第四维空间研发的深入，4D 打印产品的自组装和变形的能力，使其进入非常微小的空间进行“工作”或将成为可能。麻省理工学院数学家丹雷维夫曾表示，4D 打印有利于新型医疗植入物的发明。比如心脏支架，如果采用 4D 打印技术制造，将不再需要给病人做开胸手术，可通过血液循环系统注射携带设计方案的智能材料，其到达心脏指定部位后自我组装成支架。

4D 打印的前瞻性和适用性在生物、医疗领域的主要应用构想表现在新型医疗植入物、微创技术、对抗癌症三个方面。设想一下，4D 打印制作血管，不一定需要患者本人身上的细胞组织，只需在材料内部通过软件设计编程置入时间、触发介质等参数，就解决了材料的唯一性难题。4D 打印产品自我调整的特性，使制作取用的即时性也成为可能。在应用的适应性方面，4D 打印产品具有自我调节和自我修复的效果，这使得其在生物、医疗领域的应用有着其他技术无法企及的效果。作为癌症治疗的一个重要研究方向，4D 打印抗癌药物甚至可以将癌症治疗的工作做到防患于未然。

6.3.2.2 国防军事领域

4D 打印的结构体具备自组装、多功能和自我修复能力，可以使未来国防军事设备根据现场环境和作战目标的不同，灵活调整以自适应实时战况，提高作战效能。结合 4D 打印技术的伪装服，可在兼顾轻便性的同时，根据季节、周围环境重塑成需要的形态，为侦查人员执行任务提供便利。4D 打印还可以将大型军用设备，在未布置前以远比实际形状小得多的样子呈现，再将通过 4D 打印而成的结构放在特定的位置，然后自动变形、自动组装，在使用后还能回收带走。

2018 年，美国陆军士兵纳米技术研究所（ISN）采用含有磁性微粒的弹性体复合材料，打印出一种有望在复杂战场地形以及狭窄空间中灵活爬行、翻滚、跳跃、抓取物体、递送药物的柔性机器人；美国陆军研究工程中心也在积极开展 4D 打印技术研究，希望研制出能够抵御毒气的制服、可随周围环境改变颜色的伪装设备以及能实现自组装功能的武器。

未来，随着智能材料、智能设计等技术的进一步发展成熟，4D 打印在军事领域的应用将更加广泛深入。基于 4D 技术有望开发出能够快速打印并直接投入使用的高性能无人机或机器人，实现武器装备的现场制造；有望设计出能够根据飞行条件自动改变气动外形的机翼，增强武器装备的使用性能；有望制造出无须人工组装且节省运输空间的武器装备，改善武器装备的后勤保障。最终 4D 打印技术将变革传统武器装备的制造使用流程以及后勤保障模式，使武器装备发挥更强的作战效能。

6.3.2.3 建筑与航空航天领域

4D 打印在建筑领域具有无限的可能性，以地下排水系统为例，利用 4D 打印技术开发出的“自适应”水管，可以根据水管外壁受力的不同自行改变其管道直径、材料刚性，比如，遭遇洪水、地震等自然灾害时，能够扩大直径或者使材料变为柔性，以保证供水正常。另外，利用 4D 打印建构的房屋物理空间将被赋予可变性，根据光照变化等刺激因子的作用，房屋内部结构可以随用户需求而变化。例如会客时，卧室变为闲置空间。4D 打印的房屋材料能通过一系列变化，将闲置卧室空间分配给会客所需的公共空间。

与建筑行业类似，航空航天工业对于空间的合理分配也有极高的要求，庞大的设备需要利用航天飞机的运送才能进入太空。而 4D 打印物体的自组装行为，能够为运输过程节省较大空间，可将打印完成的组件以便于运输的形状送往太空，在宇宙空间中完成自动变换形状、组装等行为，这将大大降低运输成本以及困难度。对于航空事业而言，运用 4D 打印技术制造的飞机，在面临特定环境变化时可以实现自我分解，以最为理想的状态（如胶囊状安全防护罩）给乘客提供及时有效的保护。

6.3.3 4D 打印技术对物流业发展的影响

6.3.3.1 大幅降低制造成本，降低物流运维成本

不论是现代制造技术，还是基于工业 4.0、中国制造 2025 的新制造技术，对于生产复杂或者个性订制产品来说，制造或组装成本都是偏高的，甚至还会随着部件的复杂程度同比例上涨。而在 4D 打印技术支持下产品制造、部件与产品本身结构的难易程度将变得不再重要，因为通过对整体产品不同部件进行的一体化打印，以及可变形自组装将让组装成本化整为零，由此最大幅度地降低

产品的生产制造成本。

若产品能根据环境自我调节，那么就可以在运营和维护方面创造巨大效益。借助 4D 打印技术，小型增材制造设备可以先制造小体积的中间产品，然后将中间产品变形成为所需的大型中空结构产品，节省设备成本。借助产品可变形、可变性和可变功能的特性，该技术能够减少装配、物流和储存等环节的成本。

6.3.3.2 实现零库存、零仓储的生产方式

对于生产制造企业来说，所有的商品既是资产，也是其资金成本的核心部分，一旦销售周转放缓将直接导致资金周转率降低，进而影响利润。

通过 4D 打印进行的生产制造将有效缓解这个问题。厂家根据消费者的想法随时提供产品设计、打印制造的服务，做到“即买即造、即造即销”，取代传统的库存销售方式，真正实现零库存、零仓储的生产方式。

试想一下，如果每个社区都有一套连接网络的 4D 打印设备，只要我们在网络上购买了产品，商家就可以立刻通过 4D 打印设备远程打印我们所购买的商品，回到家里按照特定的触发介质，购买的材料会通过 4D 打印技术写入的时间维度，自动变形组装成我们所购买的产品，比如桌子、椅子等。从此不再需要等待、不再需要物流费、不再需要工人安装，一切都是材料本身自动发生的，打印材料也更加小巧方便携带。

6.3.3.3 降低物流运输量，实现便捷运输，实体物流将慢慢减少

4D 打印产品的自组装能力使得企业生产和需要运输的多是零部件，或是家庭式的 4D 打印需要购买的产品关键零部件，这将大大减少运输量。另外 4D 打印产品材料的内部折叠设计使得其制造的产品外部形状、体积更趋小型化，相对于现在产品，特别是巨大型产品而言，4D 打印产品的运输将便捷得多。无论是零部件的产品构成，还是更趋小型化的产品形态，都将使得大宗产品的货运成为历史。

4D 打印技术的出现颠覆了传统商业模式，使得人们从购买整件商品转向购买关键零件或产品创意。当人们购买创意并在当地打印或进行家庭打印时，产品实现了当地生产，无须物流实现产品的地点转移，部分物流也就失去了存在的可能。

4D 打印技术的出现，从产品形态的改变到产品生产方式的改变都将使得实体物流慢慢减少。

7 重大政策下的中国物流科技业发展策略

在“十四五”规划全面开启之际，无论是“十四五”规划纲要的颁布还是“碳中和”政策的提出，都将对我国物流业提出新的要求，作为支撑物流业更好发展的物流科技业也将受到重大影响。本章聚焦两大政策对物流科技发展的深刻变革并提出策略建议。

7.1 《“十四五”规划纲要》下中国物流科技发展策略

2021 年 3 月 12 日,《中华人民共和国国民经济和社会发展第十四个五年规划纲要和 2035 年远景目标纲要》(以下简称《“十四五”规划纲要》)正式发布。《“十四五”规划纲要》作为指导今后 5 年及 15 年国民经济和社会发展的纲领性文件，明确指出要建设现代物流体系，为行业高质量发展指明了方向。据统计,《“十四五”规划纲要》中有 15 处提到“流通”，20 处提到“物流”，13 处提到“供应链”。这也是中国历史上五年规划纲要中首次如此高频部署物流与供应链。本节聚焦《“十四五”规划纲要》下的政策红利释放，明确各行各业供应链上下游数智化生产要素的链接，以全局思维构建数智化供应链生态圈，保障产业链供应链稳定，助力“十四五”开好局。

7.1.1 《“十四五”规划纲要》涉及物流与供应链重点内容

“十四五”时期是我国开启全面建设社会主义现代化国家新征程、向第二个百年奋斗目标进军的第一个五年，如何谋划好现代物流业发展，更好地发挥物流业对国民经济的基础性、战略性、先导性作用举足轻重。《“十四五”规划纲要》对物流业发展高度重视，提出要“强化流通体系支撑作用”“提升产业链供应链现代化水平”“深化流通体制改革”“建设现代物流体系”等。此外,《“十四五”规划纲要》在制造业优化升级、产业数字化、企业数智化等方面提出的任务，也将推动物流业更进一步。《“十四五”规划纲要》中涉及物流与供应链的重点内容如表 7-1 所示。

表 7–1　《“十四五”规划纲要》中涉及物流与供应链的重点内容

重点体现	具体举措
交通强国建设助推物流强国	建设现代化综合交通运输体系，推进各种运输方式一体化融合发展，提高网络效应和运营效率。 完善综合运输大通道，加强出疆入藏、中西部地区、沿江沿海沿边战略骨干通道建设，有序推进能力紧张通道升级扩容，加强与周边国家互联互通。 构建快速网，基本贯通“八纵八横”高速铁路，提升国家高速公路网络质量，加快建设世界级港口群和机场群。完善干线网，加快普速铁路建设和既有铁路电气化改造，优化铁路客货布局，推进普通国省道瓶颈路段贯通升级，推动内河高等级航道扩能升级，稳步建设支线机场、通用机场和货运机场，积极发展通用航空。 构建多层级、一体化综合交通枢纽体系，优化枢纽场站布局、促进集约综合开发，完善集疏运系统，发展旅客联程运输和货物多式联运，推广全程“一站式”“一单制”服务
提升产业链供应链现代化水平	坚持经济性和安全性相结合，补齐短板、锻造长板，分行业做好供应链战略设计和精准施策，形成具有更强创新力、更高附加值、更安全可靠的产业链供应链。 推进制造业补链强链，强化资源、技术、装备支撑，加强国际产业安全合作，推动产业链供应链多元化
构建双循环新格局与大物流体系	加快构建以国内大循环为主体、国内国际双循环相互促进的新发展格局。发展高铁快运等铁路快捷货运产品，加强国际航空货运能力建设，提升国际海运竞争力。优化国际物流通道，加快形成内外联通、安全高效的物流网络
完善现代商贸流通体系	深化流通体制改革，畅通商品服务流通渠道，提升流通效率，降低全社会交易成本。 完善现代商贸流通体系，培育一批具有全球竞争力的现代流通企业，支持便利店、农贸市场等商贸流通设施改造升级，发展无接触交易服务，加强商贸流通标准化建设和绿色发展
加快发展冷链物流	建设现代物流体系，加快发展冷链物流，统筹物流枢纽设施、骨干线路、区域分拨中心和末端配送节点建设，完善国家物流枢纽、骨干冷链物流基地设施条件
加快建立应急物流体系	加快建立储备充足、反应迅速、抗冲击能力强的应急物流体系。实施应急产品生产能力储备工程，建设区域性应急物资生产保障基地
培育数智物流新增长点	培育壮大人工智能、大数据、区块链、云计算、网络安全等新兴数字产业，提升通信设备、核心电子元器件、关键软件等产业水平。 构建基于 5G 的应用场景和产业生态，在智能交通、智慧物流、智慧能源、智慧医疗等重点领域开展试点示范。鼓励企业开放搜索、电商、社交等数据，发展第三方大数据服务产业。 实施“上云用数赋智”行动，推动数据赋能全产业链协同转型。 深入推进服务业数字化转型，培育众包设计、智慧物流、新零售等新增长点
建立重要资源和产品全球供应链风险预警系统	建立重要资源和产品全球供应链风险预警系统，加强国际供应链保障合作
推动供应链金融创新发展	聚焦提高要素配置效率，推动供应链金融、信息数据、人力资源等服务创新发展
新型城镇化战略与城配物流布局	发展壮大城市群和都市圈，分类引导大中小城市发展方向和建设重点，形成疏密有致、分工协作、功能完善的城镇化空间格局
构建现代能源体系助推能源物流	完善煤炭跨区域运输通道和集疏运体系，加快建设天然气主干管道，完善油气互联互通网络
乡村振兴战略与新农村物流	走中国特色社会主义乡村振兴道路，全面实施乡村振兴战略，强化以工补农、以城带乡，推动形成工农互促、城乡互补、协调发展、共同繁荣的新型工农城乡关系，加快农业农村现代化。 健全县乡村三级物流配送体系。 加强邮政设施建设，实施快递“进村进厂出海”工程

资料来源：《“十四五”规划纲要》。

7.1.2 《“十四五”规划纲要》对中国物流科技发展的影响

《“十四五”规划纲要》下，物流行业正迎来重大战略机遇期，“数智化”物流的提速将加快开启行业新蓝海，加强传统物流企业数字化转型、智能化升级、网络化发展。以互联网、大数据、云计算、物联网、人工智能等技术应用为依托，建设有效串联产业链供应链环节、物流运作环节和市场流通环节的新型信息平台，为嵌入交易、运输、结算等各运营环节功能提供技术支持。

7.1.2.1 数智化重构物流基础设施

数智化物流的一个重要特点是，通过大数据、物联网、人工智能等新技术、新模式，打造一个覆盖全国、联通全球的智能物流基础设施网络。新的基础设施具有流动性、数字化、服务化、互联互通的新属性，是以传统的交通与仓储等基础设施的网络为基础，以“互联网 + 物联网”为载体，以“信息网 + 物流网”为基础服务的支撑，形成的经济社会底层操作系统，具有智慧的属性。新的基础设施形成的是虚实一体、互联互通、智慧升级的基础设施服务体系，整个体系由硬件、软件、网络、平台构成。

硬件：指的是传统铁路、公路、水运、航空、管道、仓储等物质工程设施和实体物流系统；都是由物质型的实体组成，是新基础设施的硬件部分。

软件：指的是以物流信息、资金流信息、商流信息三流合一的数字化为特征，以模型化、代码化、工具化、智慧化的软件处理为手段的虚拟信息流系统；都是由数字型的虚体组成，是新基础设施的软件部分，代表着新基础设施的思维认知，是新基础设施的大脑。

网络：指的是链接实体的基础设施硬件系统与虚体的基础设施软件系统，是实现基础设施全系统互联互通的重要基础，是支撑数据与物品流动的通道，是基础设施的神经网络，其载体是“互联网 + 物联网”。

平台：指的是新基础设施的共享服务平台。既有高度集成、开放共享的数据服务，又与物流实体网络融合，是高度集成的智慧物流服务平台。平台跨虚实两界、跨系统、跨领域，属于新基础设施的“设施”部分。

7.1.2.2 数智化提升供应链现代化水平

数智化是未来供应链发展的大趋势，通过连接数以万计的供需节点，开启新商业进化的新途径。数字化是目前全球供应链重新构建、结构优化的最突出特征，能够有效推动供应链全球化，同时对区域化的并行发展也意义重大。智能化在全球供应链中的运用越来越广泛，其中最突出的便是云计算、AI、IoT、大数据等技术的运用，这有效地帮助了供应链的高效管理，让可视化、可感知、可调节等曾经的预想成为现实。以数智化为核心的新一轮供应链转型中，品牌商得以更好地感知用户需求，据此实现对供应链的把控与管理，驱动供应链由传统分段分离向一体化供应链方向发展。企业进行智能建模、智能决策，并将决策反馈到各业务系统，做出比人类更精准、更高效、更细颗粒、更一致性的智能化决策。同时，智能供应链的决策引擎还可以根据机器学习体系不断学习，使决策体系不断进化和成长。

在新冠肺炎疫情期间，数智化物流优势逐渐凸显。一些重点物流企业和创新型企业积极采用大数据、人工智能、5G 等新技术。以无人机自动分拣为代表的智能物流设备在提高物流效率和减少人员交叉感染方面显示出其优势。比如顺丰安排多架无人机运送紧急医疗物资，京东推出了“5G 无人车”的配送模式，菜鸟也启动了搭载智能柜的无人车等，结合精准的物流履约，更精准、及时、快速地响应 B 端和 C 端需求。

7.1.2.3 数智化助力绿色物流

“物联网 +AI”技术的应用，不仅能够帮助物流的运营更加环保、高效，也协助政府在物流规划和管理上向着绿色物流迈进。目前，电子面单、装箱算法、智能路径规划等技术，已经成为物流业绿色发展的重要推动力。同时，基于物联网和人工智能技术，网络货运成为物流行业的全新业态，在绿色物流发展中发挥着越来越重要的作用。网络货运平台可以利用大数据、互联网、物联网、区块链等技术来打破区域限制，搭建全国范围的货源运力资源池，从而提高车货匹配与调度效率、优化运输路径、减少资源浪费，对于提升物流企业运作效率有着很重要的推动作用。数智化为共同配送体系的管理提供了大数据基础，包括各物流发展区的分布及实时进出情况监管、车辆动态监控（速度、里程、温度、车辆停留等）、车流量动态热力分布、冷链危化等不同类型货品流通轨迹、各环线负荷分析、试点企业效率和规范性评价等，指导物流路径优化，有效调度运力，减少迂回运输、重复运输，提高效率。

7.1.3 《“十四五”规划纲要》下的中国物流科技发展策略

数智化升级分为 4 个阶段，即信息化阶段，基于业务需求以解决效率与质量的点状 IT 建设，从业务到数据；数字化阶段，从全局考虑数据资产治理，基于场景对业务流程不断切片细化；网络化阶段，突破数据孤岛，内外联通，形成网络协同；智能化阶段，基于云计算、大数据、AI 等的全生态链优化与创新，重构商业要素，从数据到业务，推动商业变革。

7.1.3.1 政府部门

（1）建设高质量的基础设施。包括“硬件”和“软件”基础设施，都是数智化物流发展的基础和前提。中共十九大明确要求加强物流等基础设施网络建设。国家发展改革委、交通运输部发布《国家物流枢纽布局和建设规划》及《国家物流枢纽网络建设实施方案（2019—2020年）》，各地正在积极推进，旨在构建“通道＋枢纽＋网络”物流运行体系。同时，需要加大云计算、大数据、物联网、智能终端等互联网基础设施投入，加大物流枢纽、园区、企业及相关政府部门物流信息整合步伐，推动铁路、航空、港口等信息开放。构建基于5G的应用场景和产业生态，大力发展产业互联网，打通产业互联网与消费互联网的连接，为促进万物物联、协同共享，全面发展数智化物流奠定基础条件。

（2）保障高质量的营商环境。近年来党中央、国务院高度重视物流业发展，国家发展改革委、交通运输部、商务部、工业和信息化部等政府有关部门出台了一系列政策措施，促进了物流营商环境持续改善。政府部门要在推动已有政策真正落地见效的同时，深入研究智慧物流发展过程中出现的新情况、新问题，提出新的政策建议，以包容审慎、鼓励创新为原则，推动出台适应数智化物流发展的新举措。

（3）对标国际标准。瞄准全球产业高标准和高技术，锻造长板、补齐短板、延长链条，制订推动产业链、供应链、创新链联动发展的技术路线图、融合发展图等，合理规划布局区域产业链、供应链和创新链。围绕创新链部署产业链、围绕产业链部署供应链，避免产业链、供应链重复建设和无序竞争。建设以行业龙头企业为核心的全流程产业链体系，建立以市场为导向、按需生产的产业链、供应链、创新链组织方式。

7.1.3.2 物流企业

（1）以数字化为抓手推动数智化转型。本质上是作为新型生产要素的数据以智能化的方式高效配置，驱动企业商业创新。而其核心是产品和业务创新及组织和管理变革，其目的是转型、创建数智企业，重构企业竞争力。在未来的升级模式上，物流企业通过数字化的基础设施，结合智能化的商业模式和实体物流基础设施，实现整个物流业态的改造提升。具体来看，“数智化”在供应链体系构建过程中的应用主要体现在云存储的方案数据模型库、物流信息执行系统和零部件循环取货（Milk-run）方式集货、数字仿真、虚拟现实（VR）/增强现实（AR）技术等；“数智化”在供应链体系运行过程中的应用场景主要有数据模型的同步传输、零部件的智能验收、高架立体库的智能高效存储、应用防错技术的智能作业引导、自动导引运输车（AGV）的智能运输、射频识别（RFID）

的智能识别、IoT 的智能调度协调、自适应生产链的高柔性制造、数字孪生技术和商品交付模式的智能组合，等等。

（2）打造品牌企业，重构物流行业竞争新格局。企业是市场活动的主体，也是发展数智化物流的主力军。一批综合实力强、引领作用大的龙头骨干企业加速成长。在电商、快递、汽车、冷链、家电等细分市场领域，出现很多追赶或超越世界领先水平的标杆企业。未来十年，数智化将推动中国物流行业进一步能力分化和重整洗牌，市场向集中化发展，成功构建科技战略的少数头部物流企业将形成具备大区域乃至国际竞争力的综合物流产业集群。它们坚持创新驱动，不断推进模式创新、技术创新、业态创新。事实上，“数智化”已经成为业内共识，不少企业都在数智化物流上发力。京东物流原 CEO 王振辉曾表示，供应链数智化转型已成必然。京东物流将与合作伙伴一同推动物流供应链数智化变革。货拉拉 CTO 张浩曾表示，货拉拉已自研运筹优化算法，打造了“智慧大脑”系统，为互联网物流提出数智化解决方案，提升物流效率。

（3）促进物流与上下游产业协同发展。物流企业构建基于产业链生态场景的“智慧算法能力”，通过向产业链上下游延伸，布局零售和金融等领域，可以实现跨产业融合发展。新物流、新零售和新金融都将建立在智慧算法模型之上。①物流与商流的融合。通过大数据模型，物流企业与电商平台协同拉动上下游产业数据，达成双赢效应。通过对电商平台的订单分布、热销品动态、消费者特性，电商仓库的出入库信息动态、配送流向等进行大数据分析，物流企业要对电商业务的销售订单预测、货物智能分仓、配送路线优化等增值业务有所作为。②物流与金融的结合。首先，通过科技应用建立智能供应链管理体系和构建复合型解决方案能力，从而提升物流企业在供应链环节中的关键控制力；其次，通过大物流生态体系的建立，打通生态场景内的金融属性信息，更有效地构建金融授信与风控模型；最后，通过应用区块链技术和大数据算法，更精准、便捷地采集和监控附着于产业链上下游的客户市场动态、订单需求、生产计划、交易记录和物流状态等核心数据。

7.1.3.3 高等学校与科研机构

（1）完善体制机制。深入推进科技体制改革，着力提升科技创新体制机制对统筹推进产业链补齐短板和锻造长板的保障作用，通过建立产学研一体化联盟、产业技术孵化基地等，构建并畅通基础研究、技术应用、产业转化的科技创新链条，推动创新成果的产业化应用，提高产品附加值。加大科研投入力度并设计合理的收益分配机制，使创新链上的科技工作者、创业者、投资者、工程技术人员、相关服务人员等都能共享创新收益，激发科研人才积极性和科技创新活力。

（2）强化实践育人环节。数智化物流的发展需要一大批既熟练掌握现代信息技术又熟悉物流运作基本规律，创新意识、服务意识强的复合型人才。高校要加强创业实践教学孵化基地或创客空间等双创基地资源建设，为学生开展创新创业活动提供实践场地，通过产学研结合的方式，搭建更多创新开放的人才培育平台，指导学生进行新技术研发，并在资金政策等方面为学生提供服务，促进科技成果的转化，要为数智化物流发展提供源源不断的高素质合格人才。

（3）聚焦数智化技术的研发趋势。数字化转型是基于传统 IT 架构的，数智化是基于以云管端 +AIoT（人工智能物联网）等为代表的新技术群落的。技术架构体系的背后是系统开发流程、逻辑、工具、方法的迁移，以及商业模式的重构。科研机构需聚焦大数据、云计算、区块链等技术在供应链领域的应用研发，需要关注 5G、云平台、物联网、服务器、移动终端等新型信息基础设施技术。此外，还需要重视大量新型应用工具、设施和装备研发，包括各类供应链管理软件、资源交易与匹配平台等，为物流业便捷高效地开展业务和实现供应链分工合作，提供不可或缺的供应链生态和技术支撑。

7.2 碳中和政策下中国物流科技业发展策略

2020 年 9 月 22 日，习近平总书记在第 75 届联合国大会一般性辩论上提出：中国将提高国家自主贡献力度，采取更加有力的政策和措施，二氧化碳排放力争于 2030 年前达到峰值，努力争取 2060 年前实现碳中和。这是中国首次在国际社会上提出碳中和目标。我国提出的 2060 年之前碳中和的目标，远超出《巴黎协定》2℃温升控制目标下全球 2065—2070 年实现碳中和的要求。2020 年 12 月 12 日，习近平总书记在“气候雄心峰会”发表题为《继往开来，开启全球应对气候变化新征程》的重要讲话，在落实《巴黎协定》的基础上进一步宣布 2030 年实现国家自主贡献目标。碳中和不仅仅是能源的问题，它与产业链等方方面面都有关系，物流行业作为碳排放大户，碳中和目标将深刻影响物流产业链的重构、重组和新标准的形成。本节聚焦碳中和政策驱动下的物流科技体系，明确新能源替代、交通运输结构优化和自动驾驶为创新主攻方向和突破口，并建言献策。

7.2.1 碳中和的概念

碳中和是指企业、团体或个人测算在一定时间内直接或间接产生的温室气体排放总量，然后通过植树造林、节能减排等形式，抵消自身产生的二氧化碳排放量，实现二氧化碳“零排放”。

气候变化是人类面临的全球性问题，随着世界各国二氧化碳排放，温室气体猛增，对生命系统形成威胁。在这一背景下，世界各国以全球协约的方式减排温室气体，我国由此提出“碳中和”目标。根据清华大学气候研究院《中国低碳发展战略与转型路径研究》，中国实现低碳转型有以下 4 个路径。

（1）政策路径：落实并延续 2015 年旧版本的 2030 年中国自主贡献目标，这一路径下，中国 CO_2 排放量将于 2030 年前后达峰。

（2）强化政策路径：在 2020 年更新版本的中国自主贡献目标中，加大 2030 年减排承诺，这一路径下，中国 CO_2 排放量将于 2030 年前达峰，2025 年后进入平台期。

（3）2℃路径：按照《巴黎协定》全球温升最低要求，2050 年实现与温升 2℃目标相契合的减排路径，在这一路径下，中国 CO_2 排放量需要于 2025 年前达峰。

（4）1.5℃路径：按照《巴黎协定》全球温升理想状态，2050 年实现与温升 1.5℃目标相契合的减排路径，在这一路径下，中国 CO_2 排放量需要从 2020 年起进入下行通道，2050 年将基本实现 CO_2 净零排放，全部温室气体深度减排。

根据清华大学气候研究院建议的“长期低碳转型”路径是上述基础路径的叠加：2030 年前执行“强化政策路径”，其后加速向“1.5℃路径”靠拢。在“长期低碳转型”路径下，中国将于 2050 年基本实现 CO_2 净零排放，于 2060 年实现全部温室气体净零排放（碳中和）。因此，碳中和承诺实质上并非 2060 年才得以验证的“远期支票”，要兑现这一承诺，2030 年前我们需要看到 CO_2 排放量拐点出现。

7.2.2 碳中和政策对中国物流科技业发展的影响

《中国碳中和综合报告 2020》指出，我国交通运输领域的二氧化碳排放量将在 2025 年至 2030 年达峰，到 2050 年时，碳排放较 2015 年水平下降约 80%。为了配合实现碳中和的目标，中国物流科技业将在以下三个方面进行突破。

7.2.2.1 加速新能源替代

2020 年航运业排放约 8.1 亿吨二氧化碳，占全球二氧化碳总排放量的 2.4%。努力减少碳排放量仍然是航运业各方所需面对的核心问题。行业监管和政策框架正在加速形成，燃料转换目前处于早期阶段，但替代燃料越来越受青睐。按总吨计算，订单中 30% 为可使用替代燃料船舶。按载重吨计算，目前船队中 26% 的运力为环保型船舶，21% 的运力安装了脱硫设备，并且节能技术正越来越受欢迎。

陆路运输方面，早在 2010 年《国务院关于加快培育和发展战略性新兴产业的决定》中就已将新能源汽车列为七大战略性新兴产业之一。近年来，在国家的大力扶持与引导下，新能源汽车产销量实现高速增长，正在逐步提升绿色新能源在交通运输行业的能源占比。

航空运输方面的新能源替换有待技术突破。现今最具发展潜力的航空替代喷气燃料大体可以分为三类：费—托合成燃料、生物燃料以及低温燃料。目前生物燃料的应用尚处于试验阶段，并且还存在生产过程中对其他资源消耗的问题，仍待技术层面突破。

长期替代燃料技术主要为电力、生物质燃料和氢能。2050年电动汽车渗透率的设定在20%~80%。生物质燃料是航空煤油的重要替代燃料，预计在2050年占全球飞机机队能耗的70%以上。整体来看，氢能和生物质燃料将是交通运输部门深度脱碳的关键，而天然气和液化石油气可能在中短期起到一定过渡作用，2℃情景下2050年油类制品在总能耗中的占比将下降至54%，生物质、电力和氢能的比例将分别逐渐提高至19%、14%和5%。1.5℃情景下油类制品占比将进一步下降至19%，到2050年车队中新能源汽车的比例必须接近100%，除部分重型货车为燃料电池汽车外，全面普及电动汽车；民航运输方面，38%机队将以氢能驱动，62%的机队将以生物质燃料驱动。

7.2.2.2 倒逼交通运输结构优化

德国ITECO咨询公司曾经针对不同的运输方式所产生的碳排放进行过精确统计。根据统计数据显示，卡车运输每吨公里所产生的碳排放量为65g，铁路运输则为21g/（t·km），涉及内河航运，当顺流航行时每吨公里所排放的二氧化碳量为10g，如果是逆流航行那么碳排放量则可以达到20g/（t·km），而如果是海运，那么长距离海运的碳排放为13g/（t·km），长距离慢速海运碳排放指数为8g/（t·km），短距离海运的碳排放量为20g/（t·km），至于航空运输，它的碳排放量最高，可以达到801g/（t·km），因此碳中和政策下，中国应该更倾向于铁路和海运的方式。

2019年交通运输部等十二部门和单位联合制定了《绿色出行行动计划（2019—2022年）》，强调需要构建完善综合运输服务网络。通过优化调整运输结构，创新运输组织模式，发挥各种运输方式的比较优势和组合效率。持续推动“公转铁”“公转水”，发挥铁路、水运在大宗物资中长距离运输中的骨干作用，加大货运铁路建设投入，显著提高重点区域大宗货物铁路水路货运比例，提高沿海港口集装箱铁路集疏港比例。

而在水路运输和铁路运输发展展望下，铁路运输的发展将成为运输结构优化的关键。交通运输部规划研究院综合所李云汉发表的《关于推进我国货运结构调整政策探讨》一文中给出建议，由于我国内陆航道有限，水运无法成为未来货运发展模式的主导，我们需要大力发展公路和铁路相结合的运输体系。

7.2.2.3 催生自动驾驶

自动驾驶是汽车产业与人工智能、物联网、高性能计算等新一代信息技术深度融合的产物，是当前全球汽车与交通出行领域智能化和互联化发展的主要方向。自动驾驶技术分为多个等级，目前国内外产业界采用较多的为美国汽车工程师学会（SAE）和美国国家公路交通安全管理局（NHTSA）推出的分类标准。该标准将自动驾驶的概念分为L0~L5，其中L1~L3主要起到辅助驾驶功能。当达到L4级别时，车辆控制权可完全交给系统。2020年L3级自动驾驶开始普及并已成为行业共识。2021年作为自动驾驶技术进入L3等级的元年，是自动驾驶技术发展的重要节点。当前我国正在研发及测试L4级别自动驾驶技术，自动驾驶车辆的量产应用正在从L2向L3级别过渡。目前，已有多家企业开始了自动驾驶汽车的测试。2020年2月国家发展改革委等11部委联合发布的《智能汽车创新发展战略》指出要从多个维度确保2025年实现L2级自动驾驶规模化生产，L3级在特定环境下实现市场化应用。

自动驾驶技术的节能机制从机理看可分为拥堵适应性、生态驾驶、跟车行驶、性能要求降低、碰撞回避、车型适度减小和自动加注。自动驾驶将显著降低单车能耗，以往研究分析结果差异较大，平均来看认为其节能效果为5%。碰撞规避使得自动驾驶汽车能够减少事故发生率从而使整体能耗减少0%~2%。跟车行驶有助于减少运行阻力，从而使得单车能耗下降3%~25%，根据车型和运行环境不同而不同。整体来看，全自动驾驶汽车对单车燃油经济性的影响范围可能为–5%~0%，自动驾驶汽车在2050年渗透率可能达到49%~87%，届时可能使得车队碳排放减少3%。

7.2.3 碳中和政策下的中国物流科技业发展策略

7.2.3.1 政府部门

（1）明确碳中和物流政策。在2021年3月的全国两会政府工作报告上，提出要扎实做好碳达峰、碳中和各项工作；加快建设全国用能权、碳排放权交易市场，完善能源消费双控制度。自20世纪90年代以来，我国相继出台了一系列关于环境污染方面的法规和政策，但是专门针对碳中和物流行业制定的政策法规却寥寥无几。政府应明确建立安全、安心、环境友好、低成本的碳中和物流系统的发展方向，实现资源、生态和社会经济良性循环。同时注重政策的调整与改进，在政策执行中制定明确的检讨制度、公开公布政策执行情况、开展滚动式检讨，针对政策实施过程中出现的问题进行及时调整，并对政策实施效果进行评估和改进。

（2）组织协调物流各环节成员。为了促进绿色物流的发展，在运输中实现最佳的经济和环境效益，结合中国的国情和发展现状，我国应该大力发展多式联运。多式联运涉及的诸多行业、部门、单位历来自成体系、独立运作、各行其是，使得现有物流系统的整体效率受到严重影响，如何分配供应链各个环节的各个主体之间的利益，是一个很复杂的问题。政府应指导、平衡供应链内成员个体的目标与供应链的整体目标。

多式联运的关键就是合作，政府可以为广大的中小型企业设立咨询团队，为它们建立适合其自身情况的运输方式，并且提供最为科学的运输方式组合系统。把铁路、汽车、船舶、飞机等基本运输方式有机结合起来，实行多环节、多区段、多运输工具相互衔接，特别是以集装箱作为连接各种工具的通用媒介，通过实施铁路、公路、水路等运输模式的一体化，全面建立环保型多式联运的经营方式，提高绿色物流服务效率。

（3）完善碳中和物流标准化体系。物流标准化是资源整合的重要基础工作。针对当前物流标准化存在的问题和国际物流标准化的发展方向，政府应加强对物流标准化工作的重视，一方面要在物流术语、计量标准、技术标准、数据传输标准、物流运作模式与管理标准等方面做好基础工作，另一方面要加强标准化的组织协调工作。在对各种与物流活动相关的国家标准、行业标准进行深入研究的基础上，全面梳理现行标准，对已经落后于物流发展需要的标准应予以淘汰，并代之以新型标准；对部分不符合实际需要的标准进行修订完善；对尚未制定的标准应抓紧制定，以使各种相关的技术标准协调一致，与国际标准接轨。2019 年 7 月 1 日，由中物联牵头起草的国家标准《绿色物流指标构成与核算方法》正式实施，该标准明确了绿色物流的概念，首次规定企业的绿色物流指标体系，结合《2020 年全国标准化工作要点》，政府应继续完善相关碳中和物流标准。

7.2.3.2 物流企业

（1）提高物流企业管理水平。碳中和物流强调在产品生命周期内有效集成绿色设计、绿色工艺、绿色材料、绿色包装和绿色处理等，这无疑加大了物流企业管理范围的广度、内容的深度与难度。因此，与传统物流模式下供应链的运作与控制相比较，碳中和物流中供应链的运作与控制要求企业必须具有更高的管理水平。如在选择材料时，不仅要考察材料的质量、价格等传统因素，还必须充分考虑它的绿色环保程度。另外，碳中和物流模式要求供应链成员内部注重知识创新，但是创新往往意味着打破传统，因而对管理提出更高的要求。

（2）重视碳中和绿色物流包装。高速发展的物流业给我国资源、环境、社会带来巨大问题，仅快递物流行业，我国每年便面临千亿件包裹的垃圾负担。绿色包装一直是物流行业践行绿色发展理念的重要手段，通过标准化和智能化达到包装材料的减量化和可循环，从而达到物流领域的碳中和。“包装”既是生产的终点又是物流的始点。因此，绿色包装是实现绿色物流的决定性因素。企业可以通过五个手段实现绿色包装：一是实行包装减量化；二是包装应易于重复利用，或易于回收再生；三是包装废弃物可以降解腐化；四是包装材料对人体和生物应无毒无害；五是包装制品从原材料采集、材料加工、制造产品、产品使用、废弃物回收再生，直到其最终处理的生命全过程均不应对人体及环境造成公害。

（3）加大物流信息系统投入。《中国智慧物流 2025 应用展望》指出，未来要实现智慧仓储、智慧运输、智慧投放等智能化作业，构建数字化运营平台，进而实现全链条信息可传递。完善的物流信息系统有助于提高物流资源的利用率和经济性。为降低物流成本、提高产品质量安全，运用信息网络技术，把产品生产监测管理、运输监测管理、仓储监测管理、智能交易管理、质量检测管理及过程控制管理等节点有机结合起来，建立碳中和物流信息系统。企业应利用先进的信息技术，包括人工智能（AI）、物联网（IoT）、条码（BC）、全面质量管理（TQM）、电子数据交换（EDI）、射频技术（RF）、全球定位系统（GPS）、企业资源计划（ERP）等技术，全面提高企业信息管理水平。

7.2.3.3 高等学校与科研机构

（1）构建多层次碳中和物流人才培养体系。碳中和能否有效和长期实施，关键在于碳中和物流从业人才的培养，包括碳中和意识和理念、碳中和技术创新能力、碳中和管理知识等方面的培养，高校在碳中和政策实施中占据重要地位。因此，高校应该首先建立包括研究生、本科生和职业教育等多层次的碳中和物流专业教育。其次在全国物流职业教育教学指导委员会的组织和倡导下，全面开展碳中和物流在职教育，建立碳中和物流业的职业资格认证制度，所有相关从业人员必须接受职业教育。最后充分发挥高校的学术资源和科研优势，积极开展企业合作研究，成立碳中和物流研究中心，为相关部门建言献策。

（2）聚焦碳中和的研发趋势、打通科技成果转化。近期发布的《“十四五”规划纲要》提出加快发展方式绿色转型。坚持生态优先、绿色发展，推进资源总量管理、科学配置、全面节约、循环利用，协同推进经济高质量发展和生态环境高水平保护。全面提高资源利用效率，构建资源循环利用体系，大力发展绿色经济，构建绿色发展政策体系。中长期来看，中国物流碳中和化的大趋势已经显现，且不可逆转。在此背景下，科研机构应聚焦逆向物流、绿色物流、绿色包装、低碳物流等研究方向，推进科研机制创新，合理配置科教资源，成立专门的技术转移机构，并通过“高校技术转移联盟”“科技成果转化统筹协调与服务平台”等平台，加大科研人员奖励力度，创新产学研合作模式，健全考核评价体系，从而提高成果转化效率，提升成果转化动力。

（3）构建碳中和物流产业技术创新战略联盟。为提升产业核心竞争力，大力发展碳中和物流，需要整合现有研发优势资源，协同研发。建议由碳中和物流领域研发技术领先的高校（或龙头企业、科研院所）牵头，联合积极从事碳中和物流产业技术发展战略、技术与产品的研究和开发的骨干企业、科研单位和高等学校等机构，组建“碳中和物流产业技术创新战略联盟”。“联盟”以国家碳中和物流产业政策为指导，以提升竞争力为目标，以市场为导向，以企业为主体，通过搭建从碳中和技术研发到应用的创新平台，提升碳中和物流装备产业链相关产品的研发、制造、推广和应用水平，促进企业在技术、市场、知识产权等领域的合作交流，推进产学研用合作，并整合产业链上下游资源，加强技术信息流通共享，强化人才合作培养，聚合行业的优势，推动整个碳中和物流产业的发展，形成具有协同创新能力的碳中和物流产业体系。

附件 A　图目录

附件 B　表目录

参考文献

［1］黄有方．物流信息系统［M］．北京：高等教育出版社，2010.

［2］黄有方．装备制造业虚拟库存管理及协同物流配送技术［M］．北京：科学出版社，2014.

［3］教育部高等教育司．中国物流发展与人才需求研究报告［M］．北京：中国物资出版社，2007.

［4］王之泰．新编现代物流学［M］．北京：首都经济贸易大学出版社，2005.

［5］王之泰．物流工程研究［M］．北京：首都经济贸易大学出版社，2004.

［6］王之泰．现代物流管理［M］．北京：中国工人出版社，2001.

［7］何明珂．物流系统论［M］．北京：中国审计出版社，2001.

［8］阿维斯，等．世界银行物流绩效指数报告——联合以竞争：全球经济中的贸易物流（2016）［M］．王波，译．北京：中国财富出版社，2017.

［9］姜旭．日本物流［M］．北京：中国财富出版社，2018.

［10］迈克尔·波特．竞争战略［M］．陈小悦，译．北京：华夏出版社，2005.

［11］E. M. 罗杰斯．创新的扩散［M］．5 版．唐兴通，郑常青，张延臣，译．北京：电子工业出版社，2016.

［12］上海海事大学，中国物流与采购联合会．中国物流科技发展报告 2016—2017［M］．上海：上海浦江教育出版社，2017.

［13］上海海事大学，中国物流与采购联合会．中国物流科技发展报告 2017—2018［M］．上海：上海浦江教育出版社，2018.

［14］上海海事大学，中国物流与采购联合会．中国物流科技发展报告 2018—2019［M］．上海：上海浦江教育出版社，2019.

［15］上海海事大学，中国物流与采购联合会．中国物流科技发展报告 2019—2020［M］．北京：中国财富出版社有限公司，2020.

［16］国家统计局．中华人民共和国 2020 年国民经济和社会发展统计公报［EB/OL］．(2021-02-28)［2021-07-12］. http：//www.gov.cn/xinwen/2021-02/28/content_5589283.htm.

［17］中国物流与采购联合会，中国物流信息中心．2020 年物流运行情况分析［EB/OL］.

（2021-02-23）［2021-07-12］. http：//www.clic.org.cn/zxdt/3065251.jhtml.

［18］佚名 . 联合国：全球经济 2021 年将温和复苏　增幅或达 4.7%［EB/OL］.（2021-01-26）［2021-07-12］. http：//www.chinanews.com/gj/2021/01-26/9396637.shtml.

［19］OECD. OECD：2021 年全球经济展望报告［EB/OL］.（2020-12-05）［2021-07-12］. http：//finance.sina.com.cn/tech/2020-12-05/doc-iiznctke4861941.shtml.

［20］聂琳 . WTO 预计今年全球货物贸易增长 8%，美国财政刺激将令他国受益［EB/OL］.（2021-04-01）［2021-07-23］. https：//www.jiemian.com/article/5895545.html.

［21］国家统计局 . 2020 年国民经济稳定恢复　主要目标完成好于预期［EB/OL］.（2021-01-18）［2021-08-23］. http：//www.gov.cn/xinwen/2021-01/18/content_5580658.htm.

［22］国务院办公厅 . 国务院办公厅转发国家发展改革委交通运输部关于进一步降低物流成本实施意见的通知［EB/OL］.（2020-05-20）［2021-07-23］. http：//www.gov.cn/zhengce/content/2020-06/02/content_5516810.htm.

［23］王继祥 . 王继祥：2020 年中国物流十大焦点回顾［EB/OL］.（2020-12-31）［2021-06-28］. https：// www.sohu.com/a/441581192_757817.

［24］梁倩 . 疫情下我国应急物流短板待补［EB/OL］.（2020-4-15）［2021-07-11］. https：//baijia hao.baidu.com/s?id=1664002172349335222&wfr=spider&for=pc.

［25］中物联冷链委 . 2020-11（下）冷链物流疫情防控将成常态化［EB/OL］.（2021-1-6）［2021-07-11］. https：//www.sohu.com/a/442833792_120141010.

［26］宋雨屏，刘娟，洪飞翔 . 突发疫情下应急物流问题与对策研究［J］. 中小企业管理与科技（上旬刊），2020（7）：122-123.

［27］王辉军 . 王辉军：碳达峰约束下绿色物流的发展路径与应对策略［EB/OL］.（2020-12-25）［2021-07-10］. http：//lswlfh. chinawuliu. com. cn/gzdt/202012/25/537597. shtml.

［28］黄仁刚 ."一带一路"背景下粤港澳大湾区港口物流发展问题研究［J］. 价格理论与实践，2020（12）：148-151.

［29］陈晓忠 . 农产品物流企业成本控制的有效途径研究［J］. 农业技术经济，2020（12）：145.

［30］鲍勤，张珣，魏云捷，等 . 新冠肺炎疫情对我国对外贸易和产业转移的影响分析与对策建议［J］. 中国科学基金，2020，34（6）：740-746.

［31］刘宏伟，杨荣璐，田子艳，等 . 物流企业转型升级的影响因素研究［J］. 统计与决策，2020，36（24）：175-178.

［32］王桐远，李延来 . 零售商信息分享对双渠道绿色供应链绩效影响研究［J］. 运筹与管理，

2020，29（12）：98–106.

［33］陈泽云 . 熵值法的船舶电子商务物流供应链评价［J］. 舰船科学技术，2020，42（24）：199–201.

［34］万玉龙 . 后疫情时代生鲜产品冷链物流的区间结构和信息体系构建［J］. 商业经济研究，2020（24）：86–90.

［35］张丽，魏新，綦颖 . 农产品物流园服务体系对接电子商务的创新路径［J］. 农业经济，2020（12）：133–134.

［36］赵建有，韩万里，郑文捷，等 . 重大突发公共卫生事件下城市应急医疗物资配送［J］. 交通运输工程学报，2020，20（3）：168–177.

［37］士明军，王勇，文悦 . 不同市场能力下的“电商—平台—物流”在线销售系统的决策研究［J］. 管理工程学报，2020，34（3）：112–121.

［38］寇军，田帅辉，赵泽洪 . 质量约束下考虑延保服务的供应链定价与协调［J］. 计算机工程与应用，2020，56（18）：221–228.

［39］胡鸿韬，边迎迎，郭书源，等 . 考虑定价和需求关系的供应链网络优化研究［J］. 中国管理科学，2020，28（10）：165–171.

［40］李艳冰，汪传旭，张东东 . 公平偏好下普通与低碳产品竞争的供应链决策［J］. 上海海事大学学报，2020，41（3）：66–72.

［41］王珊珊，张李浩，范体军 . 基于碳减排技术的竞争供应链投资均衡策略研究［J］. 中国管理科学，2020，28（6）：73–82.

［42］FATTAHI M，GOVINDAN K，FARHADKHANI M. Sustainable supply chain planning for biomass–based power generation with environmental risk and supply uncertainty considerations：A real–life case study［J］. International Journal of Production Research，2020，59（10）：1–25.

［43］GOVINDAN K，BOUZON M. From a literature review to a multi–perspective framework for reverse logistics barriers and drivers［J］. Journal of Cleaner Production，2018，187：318–337.

［44］KAMBLE S，GUNASEKARAN A，DHONE N C. Industry 4.0 and lean manufacturing practices for sustainable organizational performance in Indian manufacturing companies［J］. International Journal of Production Research，2020，58（5）：1319–1337.

［45］GUNASEKARAN A，YUSUF Y Y，ADELEYE E O，et al. Agile manufacturing practices：The role of big data and business analytics with multiple case studies［J］. International Journal of Production Research，2017，56（3）：1–13.

［46］SHI S，SUN J，CHENG T. Wholesale or drop-shipping：Contract choices of the online retailer and the manufacturer in a dual-channel supply chain［J］. International Journal of Production Economics，2020，226：107618.

［47］NG C T，CHENG T C E，TSADIKOVICH D，et al. A multi-criterion approach to optimal vaccination planning: method and solution［J］. Computers & Industrial Engineering，2018，126（12）：637-649.

［48］GOVINDAN K，CHENG T C E. Advances in stochastic programming and robust optimization for supply chain planning［J］. Computers & Operations Research，2018，100（12）：262-269.

［49］CHAN F T S，WANG Z X，GOSWAMI A，et al. Multi-objective particle swarm optimization based integrated production inventory routing planning for efficient perishable food logistics operations［J］. International Journal of Production Research，2020，58（17）：5155-5174.

［50］JUNHU，RUAN，YUXUAN，et al. A life cycle framework of green IoT-based agriculture and its finance，operation，and management issues［J］. IEEE Communications Magazine，2019，57（3）：90-96.

［51］WANG Z，CHAN F，LI M. A robust production control policy for hedging against inventory inaccuracy in a multiple-stage production system with time delay［J］. IEEE Transactions on Engineering Management，2018，65（3）：474-486.

［52］ZHU Q，SHAH P，SARKIS J. A paler shade of green：implications of green product deletion on supply chains［J］. International Journal of Production Research，2020，58（15）：4567-4588.

［53］丁俊发．“十四五”期间我国物流业亟待解决的问题与对策［J］．中国流通经济，2021，35（7）：3-8.

［54］贺兴东，刘伟，谢良惠．“十四五”推进亚欧陆海贸易大通道建设的构想［J］．中国经贸导刊，2021（10）：24-26.

［55］史纪．“十四五”规划下物流行业的升级与转型［J］．企业科技与发展，2021（5）：143-144，147.

［56］张玉峰，周磊，杨威．基于专利的物流信息分析技术发展态势研究［J］．情报科学，2015，33（11）：150-154.

［57］乔永忠，孙燕．外国优先权对专利维持时间影响实证研究——基于美国、德国、日本、韩国和中国授权专利数据的比较［J］．情报杂志，2017，36（11）：161-167.

［58］耿谦．从专利角度看我国煤矿液压支护技术发展［J］．煤炭工程，2021，53（1）：115-117.

［59］崔海星．聚烯烃多层锂电池隔膜专利技术分析［J］．储能科学与技术，2018，7（4）：758–762.

［60］尹丽梅，唐恒．电力电子变压器技术专利分析［J］．中国科技信息，2019（24）：17–19，13.

［61］栾春娟，宋河发，谢彩霞．基于技术交易网络的专利运营模式研究［J］．科学学与科学技术管理，2019，40（9）：3–17.

［62］袁杰，郑振兴．基于大数据背景下的专利运营创新模式研究［J］．技术经济与管理研究，2021（3）：29–34.

［63］佚名．用鞭子送快递？亚马逊脑洞新专利 用鞭子在空中配送［EB/OL］．（2020–02–07）［2021–07–02］.https：//www.sohu.com/a/373623616_119620.

［64］佚名．解读亚马逊“最初 / 最后一公里”数字信任区块链专利［EB/OL］．（2020–05–30）［2021–07–10］.https：//www.jinse.com/blockchain/696734.html.

［65］克克科技．IBM 新专利！利用区块链技术将阻止无人机窃取快递［EB/OL］．（2019–11–29）［2021–07–02］.https：//www.sohu.com/a/357360460_120400987.

［66］佚名．极智嘉助力上海西门子开关有限公司落地全流程柔性自动化“智慧工厂”［EB/OL］．（2020–11–10）［2021–06–05］.https：//www.im2maker.com/news/20201110/zyj6eywsamksck9u.html.

［67］叶帅．亲历：上海西门子开关有限公司联合极智嘉，打造出全柔性智慧工厂，这是我们的现场见闻［EB/OL］．（2020–11–06）［2021–06–05］.http：//headscm.com/Fingertip/detail/id/ 16656.html.

［68］NICK BRADLEY. Quadient's ‘perfect size’ automated packaging technology comes to IntraLogisteX 2021［EB/OL］．（2021–06–02）［2021–06–06］.https：//www.logisticsmanager.com/quadients–perfect–size–automated–packaging–technology–comes–to–intralogistex–2021/.

［69］佚名．指闻科技：快递包装将进入定制化模式，欧洲公司联合打造出新科技［EB/OL］．（2021–01–12）［2020–06–05］. https：//www.headscm.com/Fingertip/detail/id/18251.html.

［70］MATTHEWHART. BOX–PICKING ROBOTS NOW AUTOMATING WAREHOUSES［EB/OL］．（2021–01–13）［2021–05–28］. https：//nerdist.com/article/automated–box–picking–robots–warehouses/.

［71］秋明．SqUID 仓储机器人于 2021 年 1 月在仓库中使用！［EB/OL］．（2021–01–14）［2021–05–28］.https：//m.chinaagv.com/news/detail/202101/17147.html.

［72］矫阳．世界首列！国产时速 350 公里高速货运动车组下线［EB/OL］．（2020–12–23）

[2021-06-07]. https：//baijiahao.baidu.com/s?id=1686842649969248428&wfr=spider & for=oc.

[73] 冯根新. 货运动车组，赋能电商高质量发展[EB/OL].(2020-12-25)[2021-06-07]. http：//www.ce.cn/cysc/jtys/tielu/202012/25/t20201225_36157444.shtml.

[74] 佚名. G7 数字货舱 2.0 正式发布 提升 20% 资产管理效率[EB/OL].(2020-10-19)[2021-05-31].http：//www.xinhuanet.com/tech/2020-10/19/c_1126630014.htm.

[75] G7 物联. 激光雷达是什么？ G7 数字货舱 2.0 为何要使用它？[EB/OL].(2020-12-10)[2021-05-31].https：//zhuanlan.zhihu.com/p/335693458.

[76] G7 物联. 用 AI 和大数据改变货运，G7 发布数字货舱 2.0[EB/OL].(2020-10-23)[2021-05-31] https：//www.163.com/dy/article/FPKPLC010511D36C.html.

[77] 佚名. G7 推智能挂升级版：货运量方如何做到 0 误差？[EB/OL].(2018-11-19)[2021-05-31]. https：//www.g7.com.cn/news/2020-07-07-084148/？ from=tags&tag=shu-zi-huo-cang.

[78] 林鹿. G7“数字货舱”再升级 物流行业智慧化更进一步[EB/OL].(2019-01-17)[2021-05-31].https：//www.chinatruck.org/news/201901/150_81307.html.

[79] 沃桑海事. 新加坡、鹿特丹成功测试电子提单[EB/OL].(2021-05-24)[2021-05-31]. https：//mp.weixin.qq.com/s/xgmy3t_5PRZ8q3LbdF3fTA.

[80] NAVIPORTA. Successfully completed trial between Port of Rotterdam and Port of Singapore (digital transfer of ownership by means of an eBL)[EB/OL].(2021-05-05)[2021-05-31]. https：//naviporta.com/2021/05/ebl-trial-rotterdam-singapore-naviporta/.

[81] NAVIPORTA. First blockchain container shipped to Rotterdam[EB/OL].(2021-03-17)[2021-05-31].https：//naviporta.com/2021/03/first-blockchain-container-shipped-to-rotterdam/.

[82] 苏婉. 集运市场的数字化，电子提单只是第一步[EB/OL].(2021-01-30)[2021-05-31]. https：//mp.weixin.qq.com/s/g3F4H9iDBRLZQFKy5poXUg.

[83] 韩雨潇. 浅议电子提单的利与弊[J]. 职业时空，2013，9(5)：119-121，124.

[84] 林振强. 我国医药冷链发展现状与趋势[J]. 物流技术与应用，2021，26(S1)：42-45.

[85] 杜欣怡. 基于冷链物流的 COVID-19 疫苗运输问题及对策研究[J]. 中国储运，2021(4)：96-98.

[86] 马冀圆，汪超，石里明，等. 我国疫苗冷链产业现状及发展趋势概述[J]. 家电科技，2021(2)：18-20.

[87] 喜崇彬. 新冠疫苗接种启动 物流迎来“世纪级”大考[J]. 物流技术与应用，2021，26(3)：68-71.

［88］张婷婷，阚安康，吕岩，等．我国医药冷链物流发展现状及趋势［J］．制冷与空调，2021，21（2）：13-19.

［89］应徐颉，刘琼，张明胜，等．我国疫苗冷链管理现状及发展展望［J］．中国现代应用药学，2020，37（5）：636-640.

［90］刘冬蕾，杜志国．农产品直播带货的发展困境研究［J］．对外经贸，2021（5）：32-35.

［91］罗忠青，刘坤新．自媒体业态下生鲜农产品消费驱动冷链物流市场发展研究［J］．价格月刊，2021（5）：84-89.

［92］袁婷，薛俭．农产品直播营销模式分析［J］．今日财富（中国知识产权），2021（4）：78-79.

［93］王莹．直播助农“火热”背后：“应急”更要“谋远”［J］．记者观察，2021（10）：38-41.

［94］蒋诗萌，田宏．网络直播带货供应链模式的利弊分析［J］．辽宁丝绸，2021（1）：70-72.

［95］王明艳．农产品直播电商发展探索［J］．广东蚕业，2021，55（2）：116-117.

［96］佚名．2020 十大新兴技术揭晓！每一项都可能颠覆我们的生活［EB/OL］．（2020-11-16）［2021-06-08］.https：//baijiahao.baidu.com/s?id=1683486284813323530&wfr=spider&for=pc.

［97］佚名．让 Magic Leap 给大家解释一下什么是空间计算［EB/OL］．（2018-08-28）［2021-06-08］. https：//baijiahao.baidu.com/s?id=1610026871820886893&wfr=spider&for=pc.

［98］李靖恒．机器人变局：从智能装备走向数字孪生［EB/OL］．（2021-05-29）［2021-06-18］. https：//baijiahao.baidu.com/s?id=1701055665822585507&wfr=spider&for=pc.

［99］VICTOR 威斯康星．物流和供应链中的“数字孪生”技术应用［EB/OL］．（2020-06-27）［2021-06-20］. https：//baijiahao.baidu.com/s?id=1670654497504174385&wfr=spider&for=pc.

［100］商询科技 DataMesh. 数字孪生在物流行业的应用［EB/OL］．（2020-04-07）［2021-06-20］. https：//baijiahao.baidu.com/s?id=1663306950851325256&wfr=spider&for=pc.

［101］徐旺 .4D 打印——从创意到现实［M］．北京：清华大学出版社，2016.

［102］粟志敏 .4D 打印技术带来生产制造和供应链的变革［J］．上海质量，2021（3）：44-45.

［103］陈花玲，罗斌，朱子才，等 .4D 打印：智能材料与结构增材制造技术的研究进展［J］．西安交通大学学报，2018，52（2）：1-12.

［104］达客岛 .3D 打印方兴未艾，4D 打印已走进现实，你准备好了吗？［EB/OL］．（2020-03-10）［2021-06-01］.https：//baijiahao.baidu.com/s?id=1660736485384348567&wfr=spider&for=pc.

［105］乐优优数码．智能制造新焦点，4D 打印，蓄势待发［EB/OL］．（2019-01-01）［2021-07-12］.http：//baijiahao.baidu.com/s?id=1621440843567330932&wfr=spider&for=pc.

［106］徐可，李晓虹 . 4D 打印技术及其军事应用前景［EB/OL］.（2021-04-08）［2021-07-06］. https：//www.sohu.com/a/459571538_635792.

［107］霍秀秀 . 互联网背景下城市绿色智慧物流发展研究［J］. 黑龙江科学，2021，12（8）：155-157.

［108］苏欣 . 绿色供应链视角下的我国物流企业创新发展路径探讨［J］. 商业经济研究，2021（8）：110-113.

［109］许笑平 . 我国绿色物流创新发展的思考［J］. 经济师，2021（4）：57-58，60.

［110］沈志端，王超 . 浅析区块链技术在绿色物流发展中的应用［J］. 山西农经，2021（1）：167-168.

［111］潘鹏 . 数智化物流背景下人才培养模式创新［J］. 中国商论，2021（2）：174-175，177.

［112］隋秀勇 . 企业数智化升级面临两大痛点［J］. 中国物流与采购，2020（17）：12-13.

［113］季凌昊 . 商业生态全链路数智化转型的价值重构［J］. 商业经济研究，2020（16）：36-39.

［114］王宝义 . 线上线下与物流协同的逻辑推演、影响因素与构建策略［J］. 中国流通经济，2020，34（5）：22-31.

［115］何黎明 . 我国物流业 2020 年发展回顾与 2021 年展望［J］. 中国流通经济，2021，35（3）：3-8.

［116］佚名 . 物流趋势再升级，数智化是起点［J］. 中国包装，2020，40（1）：30-31.

［117］成荣 . 数智化重构物流基础设施［J］. 中国物流与采购，2019（24）：62.

［118］张颖杰 . 阿里巴巴数智化升级与智慧物流业务实践［J］. 中国物流与采购，2019（24）：65.

［119］杨成延 ."数智化" 助力精益供应链构建与运营［J］. 物流技术与应用，2019，24（11）：126-131.

［120］任芳 . 从数字化到"数智化"物流行业加速变革［J］. 物流技术与应用，2019，24（7）：74-75.

［121］中国物流与采购联合会，中国物流学会 . 中国物流发展报告 2019—2020［M］. 北京：中国财富出版社有限公司，2020.

［122］黄全胜，王靖添，闫琰，等 . 交通运输节能低碳的潜力分析及资金策略［M］. 北京：人民交通出版社股份有限公司，2019.

［123］袁志逸，李振宇，康利平，等 . 中国交通部门低碳排放措施和路径研究综述［J］. 气候变化研究进展，2021，17（1）：27-35.

［124］杨辰晨，何伦志 . 我国低碳物流发展的内涵、特征、问题及对策［J］. 商业经济研究，2015（32）：38-40.